无所

以色列人的七大沟通方式与成功法则

畏惧

[以色列] 奥丝娜 · 劳特曼 —— 著

庞元媛 —— 译

浙江人民出版社

图书在版编目（CIP）数据

无所畏惧：以色列人的七大沟通方式与成功法则 /
（以）奥丝娜·劳特曼著；庞元媛译. —杭州：浙江人
民出版社，2021.3

ISBN 978-7-213-09893-2

Ⅰ. ①无… Ⅱ. ①奥… ②庞… Ⅲ. ①企业管理—研
究—以色列 Ⅳ. ①F279.382.3

中国版本图书馆CIP数据核字（2020）第219934号

本书简体中文版通过成都天鸢文化传播有限公司联合Osnat Lautman出版。

浙 江 省 版 权 局
著作权合同登记章
图字：11-2020-027 号

无所畏惧：以色列人的七大沟通方式与成功法则

[以色列] 奥丝娜·劳特曼 著

庞元媛 译

出版发行：浙江人民出版社（杭州市体育场路 347 号 邮编：310006）
市场部电话：(0571) 85061682 85176516

策划编辑：张 攀

责任编辑：张苗群

营销编辑：陈雯怡 陈芊如

责任校对：陈 春

责任印务：刘彭年

封面设计：Amber Design 琥珀视觉

电脑制版：济南唐尧文化传播有限公司

印　　刷：浙江新华印刷技术有限公司

开　　本：880 毫米 ×1230 毫米　1/32　　　　印　张：6

字　　数：93 千字　　　　　　　　　　　　　插　页：1

版　　次：2021 年 3 月第 1 版　　　　　　　印　次：2021 年 3 月第 1 次印刷

书　　号：ISBN 978-7-213-09893-2

定　　价：48.00 元

献给我的家人，

感谢你们的支持与爱。

中文版序言

奥丝娜·劳特曼

如今，有越来越多的以色列人到中国工作。这本书以以色列为例，我相信它能够帮助中国企业及其员工应对多元文化背景问题。

这本书分析了以色列商业文化的方方面面，同时也介绍了各种文化背景的人如何更有效率、更有创意地一起工作的方法。本书的内容不仅有助于中国人和以色列人做生意，还有助于各国企业管理国际化团队。

这本书主要分为三个部分：

①人国合一，"小国困境"激发"强国大梦"。

②七大争议点造就以色列"商业神话"。

③念好跨文化"交流经"，跟以色列人合作不再难。

第一部分：想了解世界上任何一种文化，必须先了解它的起源。这一章探讨了以色列的历史、边界、防御部队、宗教和语言等。这些都是造就 21 世纪以色列人精神面貌的关键因素。以色列的特殊国情与过往历史，都影响着当代以色列人的日常生活和商业表现。

第二部分：一国之内，大多数民众的行事作风具有普遍性，他们的文化思想也几乎一致。在这一章，我会详细讨论以色列人的每一个重要特质，提供现实中的工作和生活案例，提出具体建议，告诉读者与以色列人交往的理想方式。这一章的最后，列出了一个指南，可供读者查阅 ISRAELI（以色列人）模型的重点和我给出的建议。

第三部分：若想在国际商界有所斩获，必须了解来自世界各地的上司、下属及其他同行。这一章所介绍的一套工具，可提高合作伙伴之间的沟通质量，可实现以色列人与非以色列人的双赢，也可对改善各国人士之间的合作关系提供一定的参考。

我写这本书的目的，在于提供务实的合作建议。你可在与新伙伴展开合作前阅读它，也可在合作过程中随时参考，不断积累和强化跨文化合作经验和能力。

我百分之百地相信，你与日后的商务伙伴，都能受益于此书。

希望这本书能帮你更了解以色列文化，愿你与以色列人合作愉快，与任何国家的人都相处愉快。

目录

CONTENTS

绪　论

胜人者有力，自胜者强。知足者富。强行者有志。
——老子《道德经》

　　探讨以色列的书不少，讨论的范围包括历史渊源、疆域、风俗民情、政治、宗教、军事、国防政策以及重大科技成就等，但关于以色列商业文化的书不多。与国外企业有生意往来的以色列企业不在少数，但到目前为止，还没有一本书深入剖析以色列的商业文化，以及告诉其他国家的商务人士如何与以色列人做生意。我在担任企业顾问期间，钻研了跨文化沟通问题，同时也在与各国人士的交流中，了解到他们与以色列人合作的经验。

　　Quora 是一个在线问答网站。有一位在硅谷工作的先生在网站上问道："跟以色列人共事为什么这么令人头痛？我认识三四个以色列人，有一个超级聪明，还有两个是营销大师，可是每一个都超级难搞。为什么会这样？大家跟以色列人共事，会不会有这种感觉？他们为什么这么难搞？"我相信商务人士看完这本书之后，就不会与这位发牢骚的先生有同样的想法了。了解文化差异后，跨文化沟通就会更加顺利，人与人之间还会结成真诚互信的商业关系。

研究过程中，我常常听人说以色列人多数聪明，有创业精神，会创新思考，做事坚持到底，其中不乏全球商界所欣赏的特质。除了说优点，他们也会倾诉与以色列人打交道时的种种不快。多数人对以色列人的印象不佳，不外乎认为他们傲慢、强势、粗鲁或冲动。

在本书中，文化研究探讨的对象是群体，因此难免会概括而论。但我们必须承认，群体中的每个人都是独特的个体。一个人的个性是由种种因素交加影响而形成的，包括家庭（父母与兄弟姐妹）、宗教信仰、社会经济的影响，以及个人的信念等。每个社会中都有一些人偏离整体文化，特立独行。

若想了解个体，就必须先构建一个模型，这样才能与总体模型进行比较，再分析两者的异同。若想了解其独特性，比方说一个以色列人为何会不同于绝大多数的同胞，竟然擅长做长期规划，就需要了解总体文化的模型，并以此为基准与个体进行比较。

人类学家胡普斯曾发表的一个循序渐进的经典模型，能帮助我们深入了解另一种文化：

①民族优越感。认为自己的世界观是世上唯一合理的世界观。

②他者意识。了解外来世界观的存在。

③理解。尊重外来世界观的合理性。

④接受。接受外来的世界观，不做价值判断。

⑤有意识的价值判断。以文化上类似的公平标准，将自己与外来的世界观进行互相比较。

⑥选择性采纳。将外来世界观的一部分纳入自己的世界观。

胡普斯认为，我们从只看得见自己的文化，到接受甚至拥抱另一种文化，必须经过以上六个阶段。最后，我们会注意到同一文化的不同群体之间也存在细微差异，例如东德人与西德人之间的差异，纽约人与其他美国人之间的差异，甚至曼哈顿居民与纽约郊区居民之间的差异等。

如果从来没研究过自己的文化，从来不了解自己文化的定义，那么就很难在比较中正确评价其他文化。我们习惯以自己的文化为标准，将其他文化拿来比较，予以定义和衡量。在国际化企业，与来自世界各地、不同种族的人合作，最大的困难不是不了解他人，而是不了解自己，也就是不了解我们自己的文化，不了解能操纵我们所有语言及非语言沟通的强大潜意识的文化根源。

想要真正了解以色列商业文化，就要研究其起源、价值、规范与信仰。多年来，我在全球各地开课，每次一开始我都会把学员按国家分组，例如以色列人一组，德国人一组，中国人、美国人、英国人等也各自一组。然后，我要求各组学员在讨论过后，列出自己国家文化的主要价值。

起初，学员认为这个任务很难，因为很少有人会在日常生活中思考自己的传统与价值。我们接受社会规范，并对此习以为常。爸妈教导我们什么能接受，什么不能接受，我们往往会言听计从，也会把身边其他人的行为视作依据。到了我的跨文化课程上，学员却要从潜意识里挖掘出自身文化的主要价值，自然会觉得困难。

有趣的是，我课程上的许多以色列学员，尽管来自不同企业，任不同职务，他们所列举的价值却极为相似。举两个例子，如下：

4

ISRAELI VALUES	以色列人的价值 I
1. Warm Attitude	1. 态度亲切
2. Family	2. 家庭
3. National	3. 民族
4. Brave	4. 勇敢
5. People Oriented	5. 以人为本
6. Tradition	6. 传统
7. Creativity	7. 创造力
8. Living the moment	8. 活在当下
9. Straightforward	9. 直言不讳
10. Informal	10. 不拘小节

ISRAELI Values	以色列人的价值 II
- Family	1. 家庭
- Friendship	2. 友谊
- Mutual Responsibility	3. 互相负责
- To dare	4. 果敢
- Military service	5. 兵役
- Education	6. 教育
- Risk-taking	7. 敢于冒险
- Informal	8. 不拘小节
- Direct	9. 直率
- Criticism	10. 批评

两个以色列人所列的文化特质清单

多年来，参与我课程的许多以色列学员，列举的价值几乎一模一样，以下是我总结出来的清单：

①重视家庭。

②民族与个人的相互责任。

③直率。

④态度亲切。

⑤敢于冒险。

⑥以人为本。

⑦灵活与创造力。

⑧不拘小节。

⑨批评。

⑩活在当下。

这是以色列人所列出的价值。在本书中，我会深入探讨非以色列人对以色列人的看法，以及以色列人行为的起源与基本价值。

非以色列人看了这本书，可以洞悉以色列文化的主要特质，与以色列人沟通的技巧，以及在以色列人参与的商业合作中该如何应对和决策。书中的所有信息，都以文化研究的理论与实务为依据。了解后，你与以色列人合作就会轻松自如。你会知道以色列人的典型行为，明白这些行为的起因与实质，不再误以为对方心怀恶意。

这本书是写给非以色列人的指南，同时也是送给以色列人的礼物。以色列人看了这本书，就会更了解自身文化，也会更清楚认识外界如何看待和解读以色列人的行为。以他人视角审视我们自己，向来是了解我们自身文化的好办法。如果以色列人借此调整自身行为，那么与不同种族的沟通会更顺利，合作也会更愉快。

这本书所讨论的以色列商业文化的主要特质，是我在数十场访谈中，从其他国家商务人士与以色列人共事的诸多经历中归纳出来的。我以他们所讲述的"典型的以色列人行为"为准，再依照自身积累的跨文化沟通知识及经验，予以分析。我访谈过的非以色列人，无论来自哪个国家，他们所分享的心得几乎一模一样。这代表着某种"客观"，至少非以色列人对以色列人的主观印象存在某种客观。

我整理、分析了搜集来的资料，并建立了ISRAELI™模型。ISRAELI是缩写，每一个字母都代表以色列商业文化的某一种特质：

I Informal　　　　不拘小节

S Straightforward　直言不讳

R Risk-taking　　　敢于冒险

A Ambitious   雄心勃勃

E Entrepreneurial   积极创业

L Loud   声高气响

I Improvisational   随机应变

读了这本书，你就能辨识以色列人的这些特质，学会跨文化商业沟通的技巧，以及了解如何合作才能在商界得心应手。除此之外，你也许还能与你的以色列工作伙伴培养出深厚的友谊，结交几位一生的挚友。

谁都希望了解自己共事的对象，希望信任对方。了解以色列商业文化的背景与特质，便能更加信任以色列的合作伙伴，也会更了解自身文化。

文化研究一旦涉及群体，就避免不了概括而论。我在前面说过，每一个社会中总有一些人偏离整体文化，特立独行。那么，是否有更好的文化研究方法，避免概括而论？我们能否以更好的方法了解个体，让跨文化沟通更为顺利？

我们要了解不同文化背景的人，首先要做的就是概括而论。想要深入探究，概括是必经之路。经过概括，才能看出某些个体的独特之处。但柏林艺术大学的斯蒂芬·拉茨教授认为这样的文化研究方法非常危险，会产生四大问题：

①把一些个体行为简化成一个群体的标签。

②误以为差异是"永远"，不了解人会随着时间改变，会因其在职场与生活中不断累积的经验而改变。

③坚信较大文化差异的存在，因而助长了诸多群体对某一群体的"敌对"情绪。

④假装教育训练能让人避免冲突。

拉茨教授认为，要想解决这些问题，需要依据不同的文化规范，设计出新的文化沟通训练模式。首先必须了解，我们每一个人都有诸多身份，"我们每个人都是米其林人"。比如我是犹太人、女人、母亲、妻子、顾问、自由职业者、以色列人、女儿、姐妹、侨居人士和瑜伽爱好者，还有其他身份。我所扮演的每一个角色，都会以不同的方式与环境进行沟通。做顾问时，我会比较注重政治正确；身为以色列人，我非常直率，不拘小节；我扮演女儿时，也远比扮演母亲时娇纵。

我们活跃于各种组织环境中，知道如何依据已知的情况，调整自己的行为。我上瑜伽课，到世界各地旅行，或到学校接孩子时，所穿的衣服都不同。

我是以色列人，但我更重要的身份是一个人，而不是一个"样本"。

组织将个体串联起来。我们加入新组织后，由于缺乏归属感，往往会发现沟通非常困难。换言之，语言并不是唯一障碍。我们在新组织认识新的人，绝不能按照以往的习惯行事。有时还不得不养成新的习惯，这样才能建立良好的沟通关系。认识新的人，尤其是不同文化背景的人，也能让我们检视自己，探索自己的文化。

我认为，我们每个人虽然并不是群体、民族或文化的代表样本，但对于研究不同文化的主要特质而言很实用，也很重要。唯有概括而论，才能掌握大趋势与小细节。想与一个人顺利沟通，首先要对他的文化背景有基本认知。无论是将他人当作其所属文化的代表，还是独特的个体来看待，只有了解其他文化的主要特质，才能深入洞悉他人。

第一章

人国合一，"小国困境"激发"强国大梦"

昨日影响了今日，今日决定了明日。

——以色列第一位总理戴维·本－古里安

如果知道一个人的家人、朋友和职业等，那么了解这个人就容易多了。这些因素会间接反映这个人目前的状态。同样道理，知道一个国家的历史、地理与人口，就能更好地了解这个国家的主要特质。因此，我们在讨论跨文化主题以及以色列商业文化的主要特质之前，必须先了解关于以色列的几个要点，包括历史、疆界、军事、宗教、语言以及令人赞叹的发明。以色列这个国家虽然年轻，但拥有源远流长的历史，深刻影响着以色列人的日常生活与商业。当年以色列开国元勋的精神品质依然深深地烙印在当今的社会生产生活中。

1. 历史浪潮下的犹太民族，建国是唯一活路

历史学家所了解的以色列古代历史，可追溯至亚伯拉罕时期，多半来自《希伯来圣经》。亚伯拉罕是希伯来民族和阿拉伯民族的共同祖先。以色列这个名字源自亚伯拉罕的孙子雅各，《希伯来圣经》中的上帝将他的名字改为"以色列"。

犹太人大约从公元前 1030 年至公元 70 年统治着以色列地区，其间这种格局仅有几次短暂地被打破。在接下来的几百年间，以色列地区被各族群轮番攻占、统治，包括波斯人、希腊人、罗马人、埃及人和奥斯曼帝国等。

历经世代，以色列地区始终有犹太人，流散在外的犹太人一心想返回这里。从 19 世纪 80 年代起，犹太复国主义（犹太人复国运动）主张在这片土地上建立犹太人的主权国家。于是，大批犹太人移居祖先的圣地，在这里建立社区。从 1882 年至1903 年，大约 3.5 万名犹太人移居于此。从 1904 至 1914 年，又有 4 万名犹太人来此定居。自那以后，到以色列建国前，许多阿拉伯人看上犹太人打造的优质社会环境，纷纷迁往圣地，但他们中有不少人暴力打压当地的犹太人。

1918年，第一次世界大战结束，奥斯曼帝国对以色列长达400年的统治也就此终结。英国接管当时的巴勒斯坦（现在的以色列、巴勒斯坦与约旦）。纳粹统治期间（1933年至1945年），生活在欧洲的犹太人逃往巴勒斯坦，躲避纳粹的迫害，拥护犹太复国主义。留在欧洲的犹太人多半被送往集中营与灭绝营，其中600万人遭到屠杀。第二次世界大战结束后，一部分大屠杀中的幸存者移居此地，与犹太复国运动人士一起努力建立犹太人的独立国家。

德国纳粹对欧洲犹太人惨无人道的迫害，深深影响着幸存下来的犹太人以及当时生活在以色列地区犹太人的心态。这种心态可浓缩成四字箴言：永不重来。它反映了犹太人的心声：除了自己，没有任何人能依靠，必须不惜一切代价保卫自己。大屠杀带来的一场场惨剧，坚定了犹太人建立主权国家的信念。古老的以色列民族，若想其后代子孙不受迫害，务必要有实力抗衡任何企图吞并以色列的强权。这便是以色列的建国理念与生存之道。

1948年，以色列宣布独立。《以色列独立宣言》宣称新建立的以色列国是犹太民族的民主国家，也是种族的"熔炉"，欢迎来自各国的移民。

1958 年以色列庆祝独立 10 周年（图片来源：Pridan 网站）

以色列独立宣言（1948 年）

以色列的土地孕育了犹太民族。在这片土地上，犹太民族的精神、宗教与民族特性得以成长；在这片土地上，犹太民族曾过着自由而独立的生活；在这片土地上，犹太民族创造了一种具有民族与世界意义的文化，并将不朽的《圣经》献给世界。

犹太人被暴力逐出故土，在离散的岁月仍旧心系故土，从未停止祈祷早日回归，期盼在故土重获政治自由。

基于这一历史与传统联系，世世代代的犹太人努力不懈，要在古老的家园重新建国。在最近的几十年，大批犹太人返回故土，担任开拓先锋。他们涉险回归，捍卫故土，让沙漠得以开花，让希伯来语得以复兴。他们建造村庄与城市，创建一个兴盛的共同体，拥有自己的经济与文化，热爱和平，并时刻做好保卫自己的准备。他们为这片土地上的所有居民带来了进步的佳音，并决心朝着独立建国的目标迈进。

以色列国向散居世界各地的犹太人敞开移居的大门，用权利促进国家发展以造福所有的居民。以色列国秉持以色列众先知所期盼的自由、正义与和平原则，并将此奉为立国精神，保证全体居民不分宗教、种族与性别，均享有完全平等的政治与社会权利，拥有宗教信仰自由、思想自由、语言自由、教育自由及文化自由的权利。以色列国誓言保护所有宗教的圣地，恪守《联合国宪章》的各项原则。

我们向所有邻国及其人民伸出和平、睦邻、友好之手，敦请诸邻国与定居故土的犹太民族的主权国家建立合作互助的关系。以色列国准备与各国携手合作，贡献心力，促进整个中东地区的进步。

基于对上帝的信奉，我们于今日，于安息日前夕，于犹太历 5708 年以珥月五日，即 1948 年 5 月 14 日，于祖国的土地，于特拉维夫市，于国家临时委员会的本次会议，正式签署此宣言。

《以色列独立宣言》（图片来源：Mishella 网站）

宣布独立是犹太民族的胜利，却也带来犹太人与阿拉伯人更为频繁的暴力冲突。以色列建国后，世界各地的离散族群人士开始大量涌入。每一族群的人都有其特点，都将其所属族群特有的心态、习俗与文化带到了以色列。

早期的移民来自东欧国家，此后来自北非与亚洲各国，很久以后又有大批苏联与埃塞俄比亚移民涌入。可见，移民潮始终不歇。目前，以色列的犹太族群，通常先以地区区分，例如阿什肯纳兹犹太人（来自东欧）和塞法迪犹太人（来自北非与亚洲）；再以祖籍所在的国家细分。

2. 人口规模不及一个青岛市

　　根据以色列中央统计局的资料，以色列人口为
879.3 万（2019 年为 902 万，而中国青岛市为 949
万），其中，约 74.6% 是犹太人（655.6 万），半数是
世俗人士，另外半数则是信奉犹太教的各宗派，例如
传统、修道以及极端正统。以色列的犹太人占全世
界犹太人总数的 43%。阿拉伯人约占以色列人口的
20.9%（183.7 万），其余的约 4.5%（40 万）包括撒
玛利亚人和切尔克斯人等。

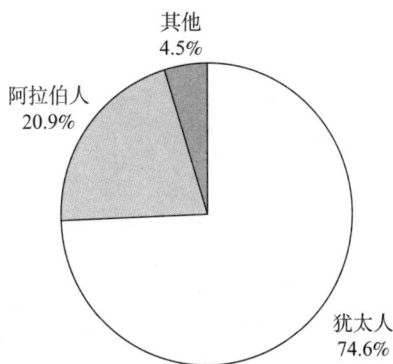

以色列各民族人口比例图

以色列目前的人口数量是建国时的十余倍，当

时是 80.6 万人。仅在 2017 年，相比前一年，人口就增长了 1.9%。其中，自然繁育 82%，出生人口增加，死亡人口减少；国际迁徙 18%，移入人口多于移出人口。以此推算，预计以色列人口将在 2035 年达到 1130 万。

2017 年，3 万名移民来到以色列，其中，25.5% 来自乌克兰，17.1% 来自俄罗斯，13% 来自法国，9.8% 来自美国。

之所以多数移民选择以色列，是因为他们本身为犹太人，想与家人团聚，也想在犹太民族的国家生活等，详见下图：

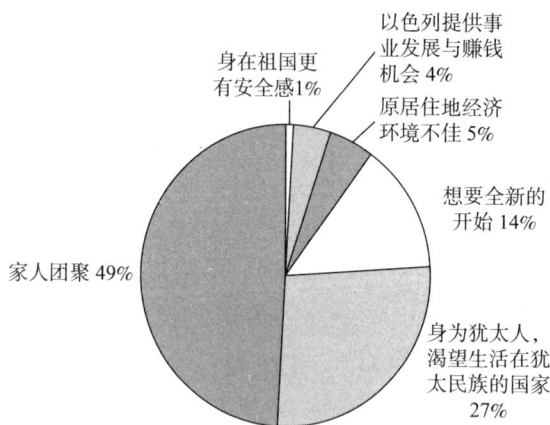

移民原因比例图

天底下没有哪一种文化是"通用"的，正如每一个体都有所不同，但个体与个体之间也有许多共同点，而这给个体间沟通交流提供了可能性。以色列是一个年轻的国家，国民或其祖先初到以色列时，都满怀雄心壮志，要在这片土地上争得一席之地。源源不断的后来者，也都如此。

3. 蕞尔小邦，夹缝中求生

以色列南邻埃及，东接巴勒斯坦、约旦，东北方有叙利亚，北方又与黎巴嫩为邻。在以色列、埃及与地中海海岸之间，是哈马斯控制的加沙走廊。以色列与约旦之间的中央山脉，是犹地亚与撒玛利亚山区（又称"西岸"），由以色列与巴勒斯坦共同管辖。东北方是以色列管辖的戈兰高地，从以色列在 1967 年的六日战争中占领该地区到现在，叙利亚仍然宣称拥有戈兰高地的主权。

以色列领土仅有 22770 平方千米（实际管辖面积 25740 平方千米），周边邻国却众多。多年来的边界冲突深深影响着以色列的社会经济发展。以色列人若想在商业上有所斩获，就不能像欧洲人一样直接跳上车把东西卖给邻国，而要放眼全球，搭乘飞机到远处做生意。

以色列人知道若想笑傲商界，就必须：

将英语作为仅次于希伯来语的第二语言（非正式）。

在商品的研发阶段，就要谋划全球营销战略。

---

4. 保家卫国，人人有责

由于地缘政治关系，以色列始终面临周边的不确定性与潜在威胁，因此实施强制征兵政策。全国国民不分男女，都有义务在以色列国防军服役。国家军事化对于平民百姓的商业活动影响很大，因为以色列的军官往往与商界关系密切。

以色列军事专家将这种关系称为"安全网络"，并指出现役军人认识其他服过役的以色列精英，对他们退役后到政商界发展大有裨益。这些人拥有强大的人脉，利用这种非正式、不分阶级的"老男孩俱乐部"资源，可相互成就。

Protektzia 是以色列俚语，意思是"动用关系"或"运用人脉"。这个概念如同前面提到的"安全网络"。以色列人，不论奋斗在哪一领域、有没有军方背景，在大事小情上都会大概率地动用关系。在商店排队，一旦看到队伍

前方有认识的人，就会借机插队；竞标一个项目，由于发包公司的首席执行官是你邻居的儿子，你的中标率就会大增。Protektzia 在以色列文化中并不意味着犯罪或不公，但有时也会滋生裙带关系和密室交易。无论如何，这就是生活在以色列的人必须面对的现实。

列举几位在以色列政商界位居要津的退役军官：

犹艾夫·盖兰特，以色列国防军前少将军官，退役后立即转任大南（Nammax）石油与天然气公司首席执行官。2014 年，他因公司钻探失败而离职，后于 2015 年出任第 34 任以色列建设部部长。

埃利泽·马龙，以色列海军前中将，目前担任以色列机场管理局局长。

伊莱·格里克曼，以色列海军第 13 突击队（相当于美国海豹突击队）前上校，后来成为以色列电力公司首席执行官，2014 年 9 月辞职。

以上三位成功人士，把在军中累积的经验带到了商界。以色列国防军的许多规范与价值也就这样传入民间：

①勇于面对冲突（无论是战斗、生活，还是做生意）。

②应变能力：以色列人在军中学会做好计划，也

习惯应对变化，遇到问题，马上就可想出替代方案。

③信任上级（指挥官或主管）。

④承担责任的能力。

⑤团队合作：人人为我，我为人人。

"8200部队"是以色列国防军的信息情报搜集与解密单位，隶属于情报部队。它以为全球高科技产业界培养精英强将而著名。

列举几位在国内外大放异彩的"8200部队"的"战友"：

薛德与什洛莫·克莱默，捷邦（Checkpoint）公司创始人。

托梅尔·巴雷尔，贝宝国际（PayPal）以色列首席执行官，PayPal国际首席运营官。

什洛莫·蒂罗什，吉来特卫星网络公司（Gilat Satellite Networks）创始人。

罗宁·巴雷尔，以色列安永会计师事务所首席执行官。

英国《卫报》的一篇报道指出："以色列的'8200部队'涌现出的科技界百万富豪人数，比许多商学院还多。"

2013年7月，时任以色列国防军参谋总长本尼·甘茨颁发特殊贡献奖,以表彰"8200部队""在支持以色列国防军的行动方面,做出了伟大贡献"。

以色列的军事思想对整个社会的生产生活影响深远。对此,《今日美国》刊登了一篇有趣的报道,标题是"NBA教练大卫-布拉特:篮球教练就像战斗机驾驶员"。布拉特拥有以色列和美国双重国籍,是一名职业篮球教练。他在1981年移民以色列,在以色列国防军服役。他有着辉煌业绩,曾带领以色列特拉维夫马卡比队赢得2014年欧洲篮球联赛冠军。结束以色列的执教生涯后,他重返美国,在2014年至2016年间执教克利夫兰骑士队。

布拉特接受娱乐与体育电视网(ESPN)节目的戴夫·麦克曼纳采访时,被问到身为教练如何应对所遭受的批评,他却把教练比喻成战斗机驾驶员,表示这两种工作都常常需要在转瞬之间做出关键决策。《今日美国》批评布拉特的比喻是"教练史上最荒唐的比喻",但在以色列人看来很有道理。几乎所有以色列国民都在军队服过役。许多人把从军中学到的经验与惯用语,运用到工作和生活中。因此,以色列的军事概念与术语所衍生出来的许多比喻与惯用语，自然也会植入以色列的商业文化中。

美国文化中，商务人士使用运动用语是习以为常的现象，例如"回本垒"是指把事情彻底说清楚。以色列人使用军事用语也是同样的道理，例如以色列人常用"瞄准目标"表示努力达成目标。以色列人务必"认清界线在哪里"，美国人则只需"知道大概的数字"。以色列人把谈判当成只有一个赢家的"硬仗"，美国人则觉得谈判像很多球队都能加入的"联盟"，赢家也许不止一个球队。

不同文化的表达方式不同，偶尔出现误会也在所难免。在商业场上，先了解合作对象的文化，再开始做生意，是一种关乎成败的重要策略（用美国人的行话说就是"能决定生死的关键"）。

军旅生涯对每个以色列人的影响不尽相同。有些以色列人军衔不高，退役后的事业发展受军队的影响很有限。我在巴伊兰大学读硕期间，有一门课叫"军队与社会"。课程研究过程中，我发现一个人在军队的军衔越高，其军旅生涯对日后事业的影响就越大。我曾担任海军官兵的体能教练，从这份工作中学到突破极限、永不放弃的精神。可从长远来看，军旅生涯对我后来的人生并无深远影响。相较之下，那些就读于海军军官学校、担任舰长领导水兵

在海上接受各种复杂挑战的高级军官,他们所受的影响会相当深远。

政军关系专家丽贝卡·斯奇认为,以色列是一个很独特的社会,以下这些层面之间并没有界线:

①平民生活与军人生活。

②宗教与国家。

③公与私。

以色列确实是一个独特的国家,拥有一支人民军队,由全民从军保卫祖国。在大多数国家,年轻人念完高中之后,会选择升学,继续充实自己,或直接就业,到社会磨炼。而在以色列,年满 18 岁的年轻人会参军,与战友们一同奋斗,为一个比个人更重要的使命而努力。这个使命就是保卫以色列国。以色列人年纪轻轻就要接受务实的心志锻炼,这段经历对他们往后的人生与职业生涯都影响深远。

在思想与行动上,以色列致力于发展成一个目标导向型的社会。

5. 犹太教深刻影响国民生活

"犹太教"(希伯来文称为"Yehadut")一词

的出处，是《圣经》所记载的犹大王国（Yehuda）人民所信仰的宗教，而这些信徒就是犹太人（Yehudim）。全世界共有 1400 万名犹太人，其中近半数居住在以色列。以色列作为一个犹太人众多的国家，在外国人看来尤为特别，毕竟在其他国家，犹太人是少数族群。

信奉极端正统的哈西德犹太教的犹太儿童头戴皮帽，身穿丝质衣服，站在一群哈西德犹太教徒当中观望

在以色列，68% 的犹太人没有宗教信仰，或没有遵从犹太教的所有戒律。这些人叫作"世俗人士"，他们中的许多人对于犹太教存有感情，接受犹太教的原则，也遵照犹太教的家庭与节日习俗，但并不会严格遵守犹太教的每一条戒律。32% 的犹太

人自认为是犹太教各宗派的教徒。他们严格遵守犹太教的戒律，生活方式较为保守，衣着十分朴素。这些人当中，极端正统的犹太教徒仅占以色列犹太人人口的9%。

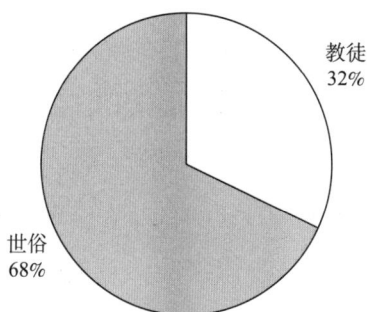

教徒与世俗人士比例图

以色列是一个犹太教国家。虽然大多数以色列人是世俗人士，但宗教仍然深深地影响着以色列居民的生活。

我们有依据犹太节日所设计的犹太历（这一章的最后会介绍犹太节日），日常生活以此为参照，几乎全社会的每个层面都脱离不了宗教的影响。犹太教的安息日（希伯来文称为"Shabbat"）从星期五傍晚开始，到星期六日落时结束。在安息日，大多数商场都会歇业，公共交通与全国连锁超市也会暂停营业。星期日对以色列人来说是正常的工作日，是每星期第一个工作日。以色列文化与国民对犹太教的认同密不可分。

6. 复兴希伯来语，作为本国母语

希伯来语是以色列的官方语言。如《圣经》所述，希伯来语也是以色列地的人民所使用的语言。长久以来，尤其是在大流散时期，希伯来语成为一种圣语，适合用于祈祷，却不适合用于日常对话。犹太人在日常沟通中使用其他语言，例如意第绪语、拉迪诺语或阿拉米语等。19 世纪，在欧洲民族主义运动的浪潮中，现代犹太复国主义崛起，希伯来语重新成为日常生活用语。艾利泽·本－耶胡达把《希伯来圣经》中的文字予以改良，又参考罗曼语族的词汇，发明了许多新字，希伯来语就此得以复兴。法文的 avion（飞机），就是希伯来文的 aviron；英文的 brush（刷子）经过希伯来化，就变成 mivreshet。

目前，大约有 1000 万人讲希伯来语，以希伯来语为母语的却只有 500 万人。希伯来语只有 4.5 万个单词，英语却有多达 100 万个单词。希伯来语的单词较少，文字的细微差异自然也较少。而且，相较于英语，希伯来语需要多用几个句子，才能表达同一个意思。

美国、英国、加拿大与澳大利亚的语言文化，在重视细节程度上，远远超过以色列。这可能是因为英文词汇比较丰富，讲究精准表达。希伯来语表达"好"的程度的词汇匮乏，例如"很好""真好""太好了"都以一词表达。英语不仅有对应词汇，还有magnicent（壮丽的）、terrific（绝妙的）、stupendous（了不起的）等更多表达"好"的词汇。

希伯来语不断吸收其他语言的单词。过去几十年，随着科技不断进步，以色列人也吸收并直接使用一些英语单词，例如CD（唱片）、laptop（笔记本电脑）、deadline（最后期限）、chip（芯片）和roadmap（路线图）等。久而久之，这些单词就融入了希伯来语。身为地球村的一分子，以色列商人特别喜欢使用国际通用字词，而不喜欢希伯来语科学院发明的字词。

不过以色列人（就像其他很多国家的人）喜欢听外国人讲希伯来语。以下是一些基本用语：

常用词汇中文和希伯来文对照表

中文	希伯来文
是	*Ken*
否	*Lo*
晚上好	*Ereu tov*
早安	*Boker tov*
晚安	*Laila tov*
嗨，再见，你好	*Shalom*
谢谢	*Toda*
请，不客气	*Be'uakasha*
你好吗？	*Mah nishmah?*
一切都好	*Hakol beseder*

7. 聪明用到点子上，科技发明遍地开花

以色列这个国家很年轻（我写这本书的时候，以色列才满 70 岁），面积很小（不及重庆主城区的面积），但在很多领域都称霸全球。说以色列人的发明翻转了世界，一点都不夸张。以下是几个例子：

智能汽车

无比视（Mobileye）于 1999 年成立，是一家

生产协助驾驶员安全驾驶系统的公司，是全球视觉科技第一品牌，以提升行驶安全性、降低碰撞概率为目标。2017年3月，英特尔以153亿美元的价格收购无比视公司，创下以色列高科技产业史上售出的最高价格。英特尔预估，无人驾驶市场的总值将在2030年达到700亿美元之巨。

应用程序

我找你（ICQ）是全球第一个实时通信应用程序，问世时间比脸书、飞书信（Messenger）与美版钉钉（Slack）要早。

ICQ发明人是神奇（Mirabilis）公司的创始人，以色列人伊尔·戈德芬格、阿里克·瓦迪、塞·维吉尔以及阿姆农·阿米尔。ICQ的成功推出，促使美国在线（AOL）于1998年以4.07亿美元收购神奇公司。这在当时创下以色列高科技公司售出的最高纪录。

众包地图（Waze）是以色列的社交导航应用程序，由埃胡德·沙巴泰、阿米尔·辛那及尤里·列文共同研发，将GPS与智能手机用户社群相结合。谷歌在2014年以超过10亿美元的价格收购众包地图。

众包地图导航系统画面

防御系统

"铁穹"防御系统是全天候、机动型火箭拦截系统，由以色列的拉斐尔国防系统公司和以色列航空工业公司共同研发。雷达系统与指挥控制系统分别由两家以色列公司艾尔塔（Elta）与普雷斯特（mPrest）研发。"铁穹"在任何天气状况下都能运作，遇到多重威胁时也能迅速反应。在 2014 年保护边界行动中，"铁穹"的拦截成功率超过 90%。"铁穹"在全球获得好评，多个国家有意向购买这套设备。

"铁穹"防御系统

克萨韦尔（Xaver）系列产品由以色列卡梅罗技术（Camero-Tech）公司于 2004 年推出。这家公司是全球穿墙感应技术（STTW）产品的最大制造商。通过这个系统，使用者能看见隐藏在墙壁或障碍物后面的多重物体，无论这些物体是静止的，还是移动的。这个系统使用先进的微功率雷达科技，独特的功能可以满足各种军事、执法和国土安全等作业需求。2012 年 1 月，SK 集团收购卡梅罗公司，保留其原名继续营运。

医疗保健产品

机器人脚（ReWalk）是可穿戴的机器外骨骼，能辅助脊椎损伤患者站直并且走动。ReWalk Robotics 公司由阿米特·戈尔博士创办。戈尔博士身为四肢瘫痪的患者，特别想开发一种新产品，让脊椎损伤患者能重新开始走路。近十年来，ReWalk Robotics 从以色列的一家刚起步的小型研发公司，一路发展成国际企业，在美国和德国都有分公司。

胶囊内视镜（PillCam）是一款只有药丸大小的摄影机，由赐像（Given Imaging）公司制造，可用于观察并诊断消化道疾病，无须麻醉，也无须采用侵入式内视镜检查。赐像公司于 1998 年成立，2014 年 3 月由柯惠（Covidie）公司收购，仅仅几个月后又由美敦力（Medtronic）公司收购。至今，已经有超过 200 万名病患体验过胶囊内视镜的好处。

农业

智能滴头（Smart Dripper）是一款灌溉用的管线工具组，采取少量喷射的出水方式。这项产品的问世，在全球掀起灌溉与施肥方法的革命，惠及全球农业。新款灌溉系统由以色列工程师西姆切·布拉斯与他的儿子耶沙亚胡共同研发，后来经过父子俩的公司内塔姆（Netam）改良并发售。内塔姆如今已是全球最大的灌溉系统制造商。以色列独立纪念日20周年之际，智能滴头获选以色列"十年最佳发明"。

樱桃番茄是现在非常普遍的小西红柿，是由希伯来大学雷霍伏特校区农学院的纳胡姆·基达教授以及哈伊姆·拉宾诺维奇教授所领导的研发团队，与哈泽拉（HaZera）公司合作研发的新品种。当初的构想是研发一款方便食用的健康零食，人们可以一边看电视一边吃。其实，樱桃番茄原本叫"电视番茄"，由于其外形像樱桃，才改为现在的名称，如今在世界各地广为销售。

樱桃番茄示意图

硬件

闪存盘（Disk-on-Key）是一种 USB 装置，就像外接硬盘，运用快闪存储器，能与主机双向移转文件。这项产品由道夫·莫兰创办的以色列公司艾蒙系统（M-Systems）发明。艾蒙公司最终由闪迪（SanDisk）公司于 2006 年以 13 亿美元收购。内存盘成为这个重要新科技的通称。同样的产品在其他国家又称"快闪存储器""U 盘"和"大拇哥"等。

以上列举的几个以色列发明，个个都是国际市场的热门产品。以色列人拥有高超的智慧、巧思与商业手腕，是值得结交的商业伙伴。

U 盘示意图

8. 高度警惕下的以色列社会全景

政府与政治

以色列政府是以色列国的行政机关，由各部组成。总理领导整个政府,拥有内阁人员的任免权。政府有权管理大多数的全国公共事务,设有掌管不同领域的部门:国防部(包括以色列国防军与安全产业)、财政部、外交部、经济部、教育部和卫生部等。

总理是以色列国的行政首长,拥有以色列政府的最高权力。以色列的现任总理是本雅明·内塔尼亚胡,也是以色列政坛权力最高的人。他是以色列史上在任时间第二长的总理,仅次于戴维·本－古里安。

现任以色列总理本雅明·内塔尼亚胡(2009 年就任至今)

以色列议会是以色列的代议与立法机关,由120 位民选代表组成。现任议会是以色列史上的第22 届。以色列的政府体系是议会民主制。政党提出候选人名单，经由选民投下政党票，最后由胜选的政党组成政府，通常会组成联合政府。一旦组成了政府，党首就成为总理，其他政党与联盟成员则被任命为部长。以色列政府的权力与权威来自议会，议会监督政府。议会也有权对政府提出不信任投票，推翻政府。

以色列议会（图片来源：The World in HDR 网站）

以色列总统是国家元首，但由于以色列实行议会民主制，总统只是象征性的元首，是国家团结的象征。总统一职通常是以色列政治人物漫长政治生涯的最后一站。

以色列国第 9 任总统西蒙·佩雷斯（2007 年至 2014 年在任）

以色列国第 10 任总统鲁文·里夫林（2014 年就任至今）

以色列的政治

以色列既与复杂的政治议题搏斗，又与地方团体及安全问题周旋。以色列的政治，始于政府的形态，又深受敏感的社会结构影响。由于以色列实行议会民主制，其社会结构像个"熔炉"，大小政党的问题层出不穷。较大的地方团体有极端正统、世俗及国家宗教党的犹太人，还有阿拉伯人。

以色列的政治在政府内部，始终在社会财政议题与安全议题之间摆荡，还要面对那些会引发人民担忧自身生存的议题。安全冲突改变着以色列的政治格局，使其分裂出左派、右派、中间派等政治集团。对于以色列与阿拉伯冲突的核心议题，左派较为妥协，右派较为强硬，而中间派则以在左、右派之间取得平衡为目标。

目前，执政党是以色列联合党，属于右派的犹太复国主义派系。党首是总理本雅明·内塔尼亚胡。

军事冲突

以色列建国至今，经历了七场战争与两次暴动，还有许多军事冲突。这些军事冲突不是正式的战争，却是以色列与阿拉伯人之间复杂的武装冲突的一部分。

以色列独立战争，是由阿拉伯国家以及居住在以色列的阿拉伯人在 1948 年以色列宣布独立隔天发动的战争，目的是阻止以色列建国。以色列的独立纪念日，被大多数巴勒斯坦阿拉伯人称作"大灾难"。当时，以色列刚刚建国，却击退了伊拉克、约旦、叙利亚、黎巴嫩和埃及派出的增援部队，打赢了这一场多线作战的战争。战争期间，60万名阿拉伯人逃离以色列，数百个阿拉伯村庄被毁。以色列宣布独立后，大约60万名犹太人被逐出阿拉伯国家，移居到新的犹太民族国家。

西奈战争（又称"卡代什行动"）于1956年爆发，起因是埃及实施封锁，导致以色列船只无法进入苏伊士运河。以色列与英国及法国联手，攻占西奈半岛，接管苏伊士运河。最后，以色列迫于国际压力而撤军，但仍借这场战争收获胜利的果实，成功打开了蒂朗海峡通道，使以色列船只得以航向埃拉特的港口。

六日战争发生于1967年6月5日至10日，起因是埃及再度关闭蒂朗海峡。以色列只用了六天，就打败埃及、约旦与叙利亚。战争期间，以色列占领了原本属于埃及的加沙走廊与西奈半岛，从约旦手中夺走了约旦河西岸与耶路撒冷旧城以及叙利亚的戈兰高地。

以埃消耗战争是1967年至1970年以色列与埃及之间的有限战争。埃及发动这场战争，故意违反六日战争的停火协议，目的是削弱以色列的实力。最后，交战双方都疲惫不堪。埃及前总统贾迈勒·阿卜杜勒·纳赛尔将这场战争称为"消耗战争"。

赎罪日战争于 1973 年爆发，以埃及与叙利亚为首的阿拉伯国家，为讨回六日战争中被以色列占领的土地而发动。以色列没有留意最初的征兆，以致后来措手不及。埃及与叙利亚在赎罪日当天对以色列发动空袭。以色列惨遭为期两周的空袭，伤亡与损失惨重。直到联合国通过决议案，战争才结束。

第一次黎巴嫩战争（又称"加利利和平行动"）发生于 1982 年，主要在黎巴嫩境内。叙利亚与位于黎巴嫩的巴勒斯坦组织对以色列及其他国家发动攻击。

巴勒斯坦大起义（以色列称"第一次巴勒斯坦大暴动"）发生在 1987 年至 1991 年。此次起义爆发前的几个月，巴勒斯坦与以色列之间的暴力冲突越来越频繁，有以色列军人遭到杀害，有持刀伤人事件，还有恐怖分子被杀。紧张的局势长期不见缓解迹象，以色列国防军便派出大军进驻约旦河西岸与加沙走廊。

四年期间，这次起义导致数百人身亡。1993年，以色列与巴勒斯坦的领袖，亦即当时的以色列总理伊扎克·拉宾、以色列外交部部长西

蒙·佩雷斯，以及巴勒斯坦领导人亚西尔·阿拉
法特，在奥斯陆会面，促成以色列与巴勒斯坦签署
了《奥斯陆协议》。三人因对中东地区的和平事业
有功，获得1994年的诺贝尔和平奖。

第二次巴勒斯坦大起义（以色列称"第二次巴
勒斯坦大暴动"）发生在2000年至2005年。阿里
埃勒·沙龙在2000年9月28日强行参观位于东耶
路撒冷的伊斯兰圣地阿克萨清真寺，从而引发了巴
勒斯坦人的反对。巴勒斯坦人发起144起自杀式袭
击事件，总共导致516名以色列人丧生，3428名以
色列人受伤，70%的伤亡人员是平民。以色列也发
动了2万多起报复行动。

1994年诺贝尔和平奖得主于奥斯陆合影：阿拉法特、佩雷斯、
拉宾（由左至右）

第二次巴勒斯坦大起义几乎完全撕毁 1993 年的《奥斯陆协议》，将冲突提升至几十年来未曾有过的惨烈程度，在重创巴勒斯坦经济的同时，也导致以色列经济衰退。虽然各界一致认为第二次巴勒斯坦大起义已经结束（暴力行动骤减），但对于结束的时间点没有定论，因为没有任何标志性事件终结这次冲突。

第二次黎巴嫩战争爆发于 2006 年，是以色列与黎巴嫩什叶派伊斯兰军事组织真主党之间的战争。起因是真主党蓄意攻击边界，导致三名以色列国防军军人丧生，还有两人被绑架。以色列遭到重炮轰击，于是采取大规模报复性攻击，先后派出空军和地面部队，连番攻打黎巴嫩南部的真主党部队。战火燃烧了 34 天，最后由联合国居中调解，双方才签署了停火协议。

哈马斯战争（又称"加沙以色列冲突"）发生在 2006 年至 2014 年。以色列屡屡受到逊尼派伊斯兰军事组织哈马斯的攻击。哈马斯于 2006 年夺取了巴勒斯坦在加沙走廊的控制权，与约旦河西岸的法塔赫政党分裂。几次较为重大的冲突发生在加沙走廊，包括 2008 年至 2009 年的"铸铅"行动、2012 年的"防务之柱"行动以及 2014 年的保护边界行动。

气候与地理

以色列位于中东，名义上属于亚洲大陆，实则位于亚洲、欧洲与非洲的交界点。以色列天气主要分为两个季节：多雨的冬季（11月至次年5月）以及潮湿的夏季（6月至10月）。以色列的冬季与欧洲或北美洲的冬季不同，很多外国人会觉得它像春季。

以色列面积为22770平方千米，山区、平原与沙漠往往只相隔几分钟的车程。开车只要90分钟，就能从西边的地中海，到达东边的死海（地球上的最低点，位于海平面以下430.5米）。开车从北部的海法市，到最南端的埃拉特港，也仅需六个小时。

以色列虽然面积很小，却地处三个气候带：

地中海气候带：包括北部与中部的大部分区域，典型气候是夏季炎热干燥，过渡季节天气多变，冬季寒冷多雨（偶尔会下雪），年降雨量超过400毫米。

半干燥草原气候带：介于地中海气候与沙漠气候之间，很难明确界线。草原气候带的年降雨量每年都有很大差异，例如俾什巴的年降雨量范围为200～400毫米。

沙漠气候带：以色列南部多半属于沙漠气候带，属于亚热带沙漠带的一部分。气候干燥，一年中大多数时间降雨量都很低，每年不超过 200 毫米。

以色列的地表水主要集中在加利利海（166 平方千米）、死海（810.34 平方千米）以及约旦河（360 多千米）。

主要城市：神圣与世俗的两个极端——耶路撒冷与特拉维夫

耶路撒冷（人口数量约 86.57 万）是以色列国的首都，从大卫王将王国首都设于此地开始计算，已有 3000 多年的历史。美国正式承认耶路撒冷为以色列首都后，于 2018 年 5 月将美国大使馆从特拉维夫迁至耶路撒冷。此举引起一些国家效仿。

耶路撒冷是新老元素的结合。老城有古文化的神秘色彩，新城则代表先进科技与现代社会。耶路撒冷是三教圣城：犹太教、基督教与伊斯兰教。

耶路撒冷也是以色列政府、议会、最高法院以及希伯来大学的所在地。

截至 2015 年，耶路撒冷 63% 的人口是犹太人。66% 的市民是严格遵守教律或极端正统的犹太教徒，两者几乎各占一半比例，另外 34% 是世俗人士。因此，耶路撒冷犹太区的氛围深受当地信奉犹太教的多数人口影响。实际生活中，即使出门仅路过几个街区，也必须衣着朴素。在安息日，许多娱乐场所都歇业，公交车也暂停服务，有些地方还会禁止车辆进入。

耶路撒冷

特拉维夫（人口数量约 43.29 万）是以色列的经济、文化与金融中心。这座城市有证券交易所，还有各国大使馆或领事馆，有各大报社、哈比马国家剧院、以色列爱乐乐团以及其他主要文化机构。

特拉维夫是在沙丘上建设起来的城市，不适合发展农业。由于海法是海上贸易中心，特拉维夫的海上贸易发展空间也很有限。因此，自 1980 年起，特拉维夫就逐渐发展成中东地区的科技中心，乃至当今全球的高科技中心。特拉维夫的别名叫"以色列硅谷"（Silicon Wadi），是全球第二的高科技重镇，仅次于著名的美国硅谷。多年来，包括微软、谷歌、脸书在内的许多全球科技公司，都选在大特拉维夫区设立研发中心。

特拉维夫

在特拉维夫，92% 的居民是犹太人，当中又有87% 的世俗人士。身在特拉维夫，会产生这里并非以色列的错觉，11% 的居民严守教律，2% 的居民是极端正统派，让人几乎感觉不到他们的存在。虽然特拉维夫有544座常规开放的犹太教堂，但它主要是个海滨城市，是营销宣传语所说的"不眠之城"，是全球对同性恋、双性恋、跨性别者最友善的城市，也是全球的素食主义之都。

在特拉维夫的以色列独立厅附近，有一座迪津戈夫的骑马雕像。迪津戈夫是民选的首任特拉维夫市市长，从1911年一直到1936年辞世之前，曾两度担任市长，两次的任期都很长（但并不连续）。他独特的个性深深影响了整个城市的特质。当时的特拉维夫比较像个小城镇，但他富有远见，要将它打造成一座现代化、有活力的希伯来大都市，并大展拳脚。他曾说："一个城市之所以是一个城市，并不是因为有房屋、街道与建筑物，而是因为居民的素质造就了一座城。所谓居民的素质，就是语言、平等、自由，热爱工作与创造力，相信自己的能力，愿意维护一生的荣誉，以及自立自强。我们要延续民族的理想，因为城市的未来就在其中。犹太民族的智慧万岁！特拉维夫市万岁！"

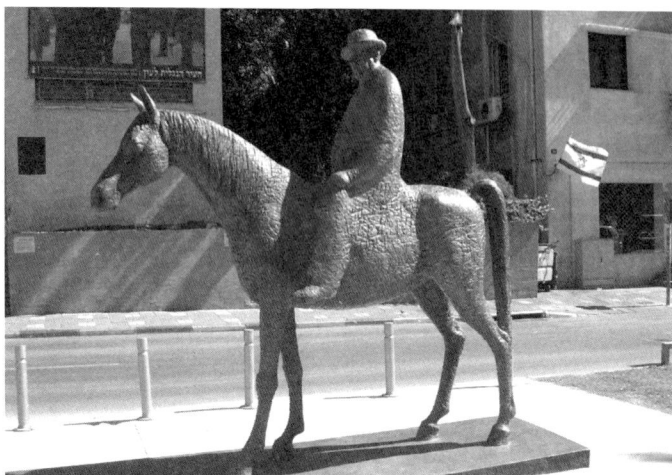

迪津戈夫雕像。背景：迪津戈夫生前的住所。1948年5月14日，以色列在此处宣布建国。现已改为公共博物馆，名为"以色列独立厅"，位于特拉维夫市罗斯柴尔街16号

美食

以色列是一个年轻的国家，烹饪传统还在发展阶段。由于移民众多，以色列的菜肴种类丰富。多数菜品从其他国家或地区传入，最后成为家喻户晓的美食，例如西红柿水波蛋（北非）、马拉瓦赫煎饼（也门）、卡达干酪（北美）、炸小牛肉片（德国）、鹰嘴豆泥配芝麻酱（地中海北岸）等。五湖四海的人在以色列聚集，发挥创意与胆识，掀起了美味无国界的融合料理风潮，发明了一道道别出心裁的佳肴。

以色列料理并非始终如此丰盛。在过去，以色列文化受犹太复国主义思想的影响而崇尚俭朴。以色列人在生活方式上力求俭朴，烹饪纯粹为了填饱肚子，料理也很简单实惠，不浮夸也不奢华。随着时代变迁，以色列人逐渐受到其他西方国家的影响，就越来越重视生活标准和质量了。

犹太民族向来重视家庭、社交及节日聚会，食物是这些聚会的焦点。以色列族群多、聚会多，五花八门的创意料理层出不穷。以色列人虽忙于应付国内外的冲突，但也可从食物中找到慰藉。以色列人会吃美食，会分享美食，聊天时也会拿食物当话题，而且会一直持续下去。

以色列美食

现今，以色列已是美食料理王国，在全球美食界占有一席之地。以色列厨师是电视名人，也是八卦专栏经常讨论的对象。他们在国内外开设的餐厅叫好又叫座，虽菜肴价格不菲，但人满为患。外国同行说，以色列料理具有"撩人的公式"，特别之处是将新鲜的食材做成新奇有趣的组合，烹调方法却很简单。

以色列人吸收了传统美食与他国美食的精华，再发挥创意，融合出极具现代感的独特料理。

以色列犹太民族节日

犹太教使用阴历，所以犹太教节日的公历日期每一年都不同。而且，犹太教的一天是从日落开始，也就是说每一个节日都是从前一晚开始，这一夜就叫作"前夕"。有些节日很欢乐，有些则需人们禁食、追思与反省。以下是以色列的重要法定假日：

犹太新年（一年的开始，字面上的意思是一年的开头）在每年9月或10月，确切日期以希伯来历为准。全国上下，一连庆祝两天。传统观念中，犹太新年实则为审判日。这一天，上帝会审视每个人过去一整年的行为，再决定这个人在新的一年里会得到哪些奖赏或惩罚。犹太新年是家人聚餐与祈祷的节日，所有以色列犹太教徒都会去犹太教堂，甚至很多世俗人士也会去。商店暂停营业，雇主会送给每位员工一份好礼或若干礼券作为新年礼物。

犹太新年过后，仅仅十天，就迎来了赎罪日。在犹太人心中，这是一年中最神圣、最隆重的一天。赎罪日是忏悔与宽恕的日子。《妥拉》教导犹太教徒要以禁饮食、禁沐浴、禁亲密行为等方式"受苦"。犹太人在这个神圣的日子，会连续 25 个小时禁食，密集祈祷，白天几乎都在犹太教堂参加仪式。所有商店在这一天都会歇业，公共交通全面停运，街上满是行人和自行车骑手。

住棚节在赎罪日四天后到来，是《圣经》记载的三大朝圣日之一。住棚节为时七天，第一天与最后一天禁止工作。中间五天为节日周（希伯来文是 Hol Hamoed），人们可做一些工作。最后一天是欢乐的妥拉节。很多家庭与组织会建造自己的苏克棚，这是一种特殊的棚屋，住棚节期间人们就在苏克棚中用餐，睡在里面，甚至在里面招待客人。

苏克棚

　　"假期过后"是以色列人常说的话。犹太新年、赎罪日、住棚节这些假日间隔很短，因此希伯来历的提斯利月，也就是从 9 月到 10 月的这段日子，只有寥寥几个工作日。这段时间，以色列人通常会陪伴家人。以色列人的外国客户与同事，往往不了解以色列人这段时间为何难以联络，联络上了又总被答复"等假期过后"。幸好下一个节日光明节要到两个月之后才会到来。

　　光明节是犹太人在每年 11 月或 12 月举办的为期八天的"烛光之节"，庆祝方式是每晚点亮光明节灯台（每个晚上增加一根蜡烛）、举行特别的祈祷仪式以及食用油炸食物。光明节的希伯来文是 Hanukkah，意思是"奉献"，用以纪念公元前 2 世纪马加比起义期间，犹太人将耶路撒冷第二圣殿再次献给上帝的历史事件。在光明节，学校会放假，但大多数工作场所照常营业。

普珥节（又称"抽签节"）是用来纪念古代波斯帝国的犹太人脱离邪恶官员哈曼荼毒的历史。犹太人在每年春季初庆祝普珥节，会举行宴会、交换礼物篮，还会上街游行。成千上万的犹太人走上街头，炫耀专门为普珥节制作的服装（与万圣节类似）。普珥节并没有硬性规定不能工作，但很多父母会特意请假，与孩子一同庆祝。

逾越节是《圣经》（于公元前1300年）订立的重要犹太节日，也是三大朝圣日之一。犹太人在春季庆祝逾越节，纪念上帝解放了被古埃及奴役的犹太人，以及摩西带领犹太人建立了自由的国家。逾越节最重要的戒律，是禁止食用发酵食物（为期七天），也要在第一日晚上举行逾越节晚餐仪式，讲述出埃及记的故事。逾越节是庆祝人数最多的犹太节日。在逾越节期间，学校会放假，工作场所则在第一日与最后一日暂停营业。雇主在逾越节前，往往会赠送礼物给所有员工。

大屠杀暨英雄纪念日是以色列每年4月或5月的国家纪念日，为了悼念在大屠杀期间死于纳粹德国及其党羽之手的 600 万名犹太人，同时纪念在大屠杀期间英勇抗暴的犹太人与"外邦义士"。依据法律规定，公共娱乐场所与餐厅必须从大屠杀暨英雄纪念日前夕起暂停营业。学校、军事基地以及其他公共机关与社区组织会举行仪式。在当天上午 10 点整，以色列全国各地响起警报，大多数人会立刻放下手头事务，路上行驶的车辆也会停车，集体默哀一分钟。

以色列阵亡将士与恐怖攻击罹难者纪念日，是以色列的另一个国家纪念日。日期安排在大屠杀暨英雄纪念日的一周后、独立纪念日的前一天，其目的是让所有人记得以色列从建国至今所付出的代价。这个纪念日庄严肃穆，以色列全国各地都会举行纪念仪式。纪念日从前夕开始，当晚 8 点整，以色列全国各地会响起一分钟警报。全民立正鞠躬，向阵亡将士默哀。隔天上午 11 点整，还有连续两分钟的警报，全国上下再次默哀追思。到目前为止，以色列的战争都是发生在国内，这一点与许多国家不同。以色列大多数人都认识在卫国战斗中阵亡的将士，所以这个纪念日对以色列人来说，是缅怀亲友的日子。截至 2017 年纪念日，以色列的阵亡将士与恐怖袭击罹难者共有 23544 人。

独立纪念日是春季的节日，是庆祝以色列脱离英属巴勒斯坦托管地，宣布建立以色列国的日子。这一天，几乎每个城镇与村庄都会举行庆祝活动，也会燃放烟火。在独立纪念日前夕，国家将在耶路撒冷的赫茨尔山举行正式典礼，以此宣示阵亡将士与恐怖攻击罹难者纪念日结束，独立纪念日的庆祝活动开始。在独立纪念日，大多数以色列人并不工作，不过部分公交线路照常营运，许多娱乐场所与餐厅也正常营业。以色列人会与亲朋好友成群结队地到公园或风景区野炊。

　　篝火节是 5 月的犹太节日，是为了纪念西蒙·巴·尤查拉比。在篝火节，儿童（有父母从旁监督）以及十几岁的年轻人点燃篝火。隔天学校放假，但大多数工作场所仍然照常营业。

以色列节日旗帜

七七节（又称"收获节""五旬节"）是犹太教三大朝圣日之一。Shavuot（七七节）是"几个礼拜"的意思，在逾越节的七周之后到来。3300多年前，上帝在七七节这一天，在西奈山将希伯来圣经《妥拉》赐给犹太人。犹太人有在七七节食用乳制食品的习俗。在七七节，工作场所与学校都放假一天。

大多数犹太人，包括世俗犹太人，至少会遵守犹太节日相关的一部分戒律与传统，其中94%的人会在逾越节举行晚餐仪式，93%的人会在光明节期间点燃蜡烛，61%的人会在赎罪日禁食。

暑假：七七节过后不到两个月，便迎来暑假（初中与高中是6月20日，小学与幼儿园是7月1日），直到8月31日结束。很多以色列人会利用暑假，全家一起出门度假，尤其是在暑热难当的8月。暑假过后便是9月，是新学年的开始，一系列的节日又将如约而至。

第二章

七大争议点造就以色列"商业神话"

以色列商业文化有什么特质？跟以色列人做生意，如何才能合作顺利？这一部分会详细阐述以色列商业文化的每一个重要特质，也会引用各种各样的例子，来说明这些特质如何表现在现实生活中。另外也会以实际例子，解释与以色列人交往的最佳方式。

在过去十年，我经常与来自世界各地，包括印度、中国、日本、美国以及非洲、欧洲国家在内的企业主管交流，请他们分享与以色列人合作的经验。我依据这些访谈内容，再结合我与国际组织接触中所获得的经验，将以色列商业文化的七大特质浓缩成一个模型。

我开发的这个新模型叫作 ISRAELI™ 模型，ISRAELI 是取七个单词的首字母所组成的词汇。每个字母代表以色列商业文化的一种特色：

I	Informal	不拘小节
S	Straightforward	直言不讳
R	Risk-taking	敢于冒险
A	Ambitious	雄心勃勃
E	Entrepreneurial	积极创业
L	Loud	声高气响
I	Improvisational	随机应变

I 代表不拘小节，不只表现在穿着上，也表现在沟通上。

S 代表直言不讳，以色列人说话向来很直接。

R 是敢于冒险，A 代表雄心勃勃，E 是积极创业。这三者相辅相成，因为一名企业家不仅要有好的构想，也要有实现构想所需的抱负，还要愿意冒险，不惜一切代价达到目的。

L 代表声高气响，这不只是指以色列人说话声音比较大，也代表以色列人积极进取。

最后的 I 是随机应变，因为以色列人很有创意，适应能力也强，思考时习惯跳脱框架。

每一节介绍 ISRAELI™ 模型的一个特质，还有相关的真实事件、案例、解说与建议，让人逐渐建立一种能有效减少文化差异的接纳心态，提升与以色列人沟通的质量。这一部分的最后提供了一个可以快捷查阅的指南，列出了 ISRAELI™ 模型的重点以及简明扼要的建议。

1. 不拘小节

以色列人不拘小节的一面，展现在许多行为上，例如：

①在职场身穿便装。

②同一企业不同层级的员工，皆可平等表达意见。

③人与人之间亲密，例如询问私事时以绰号称呼。

特拉维夫海滩上练瑜伽的戴维·本－古里安雕像

趣闻一则：

一家跨国企业的人力资源主管发出电子邮件，邀请所有员工参加新年的特别庆祝活动。信上没有提到衣着规定，只通知活动将在纽约州哈德逊河畔的一艘船上举行，现场会提供鸡尾酒。

以色列分公司的两位高级主管莉娜与艾默，要搭飞机到纽约参加这场活动。莉娜与美国人接触的经验比艾默多，她先是联络纽约办公室的同事亚历珊卓，问她打算穿什么样的服装。亚历珊卓说，她为这次活动特别租了一套礼服。大多数以色列女人一辈子只会租一次礼服，就是自己结婚当天要穿的婚纱。不过莉娜听亚历珊卓这么说，认为这次场合相当隆重，便决定带上她最漂亮的一套礼服。

艾默没有请教任何人。身为全球高级主管，他经常出入公司位于第五大道的豪华办公室，公司员工都习惯看他穿西装打领带。他认为既然这是一次交谊活动，就应该穿休闲装出席，穿牛仔裤会比较有亲切感。

活动过后几天，莉娜与在纽约上班的亚历珊卓联系，亚历珊卓一开口就对她说："莉娜，艾默怎么回事，怎么穿成那样？未免也太随便了！"莉娜向她解释，以色列人比较不拘小节。艾默穿牛仔裤，是想表达他与员工平起平坐、打成一片的意思。亚历珊卓却不能苟同，并认为艾默冒犯了纽约的同仁。

在很多国家，专业精神不只表现在工作能力上，也表现在其他方面，例如衣着得体、守时与礼貌。大多数以色列人即使在职场也穿便装，并不认为有穿正装的必要。以色列人生活在气候炎热的国家，穿衣服讲究舒服。以色列人的专业精神，主要是以工作表现来衡量。

多数国家的职场都有一套专业服装标准，硅谷也许是个例外。在硅谷，非正式服装才是王道。脸书创始人扎克伯格与其他人可以穿运动衫和牛仔裤上班，但部分上班族认为，拥有几十亿美元身家的人可以穿得很"酷"，但在职场，正装才能展示其专业性。

我们也应该记住，不同的行业有不同的习惯，例如金融界与法律界人士的着装比较正式，在以色列也一样。但科技界人士的穿着就非常随意。

以色列商业界不拘小节的特色，也展现在人际交往方面。以色列人与你只见过几面，就会询问你的私事，例如"结婚了吗""有没有孩子"等，有时还用绰号称呼你。就连以色列总理内塔尼亚胡，也是众人口中的"比比（Bibi）"。同样的道理，以色列前国防部部长及国防军前总参谋长摩西·亚阿隆，

也被人称作"鬼怪（Bogie）"。人与人之间互相以绰号称呼，听起来比较亲近，犹如好友之间的调侃。在小小的以色列，几乎"谁都认识谁"，两个人有共同认识的人。你的朋友就是我的朋友，以此类推，全国的人都是朋友，所以以色列人觉得互相以绰号称呼很正常，是件好事。亲密无间是以色列商业文化的典型特色，毕竟以色列人相当重视人脉。

求职面试

不拘小节是以色列人的习性，也是以色列商业文化的特质。面试开始时，求职者往往与人力资源主管随意聊天，有可能涉及私密的话题，例如"我能不能与你上任老板联系""你上份工作的薪水多少"等。求职者若不是以色列人，遇到这种情况时会感到被冒犯，而不会设法去了解文化差异，反而沉默不语，双方就会因为沟通失灵而灰心。

给向以色列企业求职的外籍求职者的三个建议：

第一，求职过程中尽量放松，容许互动，切勿认为闲谈不够专业，要体会以色列文化的行事风格。以色列人很欣赏有个性、有干劲的人，所以求职者在面试中应尽量展现自己的热诚。

第二，遇到直接而隐私的问题，也应尽量回答。如果超出你的底线，就心平气和地回应：不习惯讨论这种话题。

第三，要有面对文化差异与语言差异造成误会的心理准备。英语对大多数以色列人来说不是母语，所以你与以色列人说英语，应适度调整用词及语速，确保对方不会误会你要表达的意思。

给面试外籍求职者的以色列面试官的三个建议：

第一，提供明确有条理的信息。写信给所有求职者，说明面试的流程，包括参与面试的人员、面试时长等（提前知会面试中会有闲聊环节）。

第二，尽量不要涉及隐私问题，例如年龄、几个小孩、上一份工作的薪水等。

第三，不要急于下结论，应意识到文化差异与语言差异可能会造成误会。

以下是一个文化差异毁了招聘过程的经典例子：

一家总部位于以色列的跨国企业，在菲律宾的业务版图不断扩张，决定要在当地开设一家分公司。总部决定先聘请一名菲律宾人，担任菲律宾分公司的总经理兼人力资源主管。物色人选时，他们发现有一名菲律宾人力资源经理符合要求，可是她当时碰巧与家人在法国度假。

以色列人不拘小节的风格，在面对面的会谈以及创意思考时表现得最为明显。于是，这家以色列公司认为，应该趁这位经理在法国度假时安排面试，这是一个值得把握的好机会。这位经理显然对这份工作很有兴趣，也同意面试。但在约定面试时间的前一个小时，她打电话给以色列总部，生气地说她正在度假，不该参加面试。因为她不仅没带合适的服装，还认为私人时间与工作时间要分清楚。

在以色列，在工作时间以外工作被视为认真的表现。同时，以色列人也欣赏自然率真的态度。一个人若愿意在度假期间开会，就代表其具有以色列人所推崇的积极进取精神，很容易赢得以色列人的信赖。显然，这位菲律宾经理背后的文化远比以色列文化保守且界限分明。菲律宾人较为拘谨，重视计划与专业精神。对于这次面试，这位经理感到极为紧张，也将紧张情绪传染给了以色列公司的人。她连一场面试都有这么多顾虑，往后又怎能适应自然随性的以色列文化呢？

管理风格

知名学者吉尔特·霍夫斯塔德主要研究跨文

化沟通问题，并探讨文化因素对管理风格的影响。20 世纪 70 年代，他对 IBM 全球各地的分公司进行研究，给 7.2 万名员工发放问卷，调查他们的工作内容、工作满意度、员工与主管之间的关系等。他发现，雇主的管理风格深受分公司所在国家的文化与社会环境影响。分公司是跨国企业的一分子，照理说应该遵循全球统一的管理风格，但事实并非如此。

霍夫斯塔德依据研究结果，创造了"权力距离（Power Distance）"一词。权力距离用来表示人们对组织中权力分配不平等情况的接受程度。它也与下列问题相关：

管理者受尊敬吗？

你的公司能不能容忍越级行为？

在权力距离评分制度中，以色列的得分是 13 分，与其他国家相比分数非常低。以下是依据霍夫斯塔德的数据库所制成的比较图。

从这张图中可以看出，以色列位于排名的末端。后面的图表也会显示，以色列与其他国家的差距总是很大。

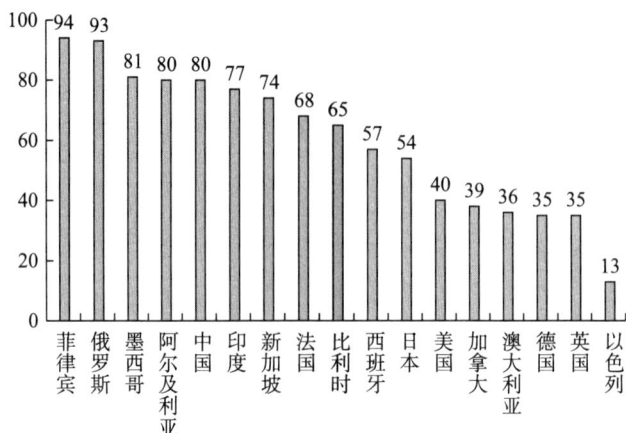

各国权力距离评分图

　　我们参考霍夫斯塔德的研究结果，会更了解自己的行为与他人的行为，进而在自己与他人的文化差异之间找到最佳交流方式。如上图所示，以色列的得分最低，菲律宾的得分最高，显然这两个国家之间的文化差异极大。菲律宾有着鲜明的阶级文化，员工几乎不会与上级或较为年长的同事唱反调，行事也很有计划性，较为严谨。这种文化与崇尚随性、不拘小节、几乎没有阶级概念的以色列文化完全不同。前面提到，以色列人要求一位正在度假的菲律宾经理参加面试，不仅暴露其考虑不周的问题，还表示其对他国文化知之甚少。上图清楚地呈现出以色列人与各国人士在阶级观念上的差异。与各国人士互动，务必要牢记文化差异的存在，也要理解并尊重他人的文化习惯。

以色列人认为，主管是团队的一员，企业崇尚低权力距离。换句话说，以色列人喜欢平等相待，员工可以与老板意见不合，也可以给比自己职位高几级或低几级的人打电话、发电子邮件，直接反映问题。

由于以色列人的平等思想，以色列企业有如下特质：

①员工认为独立是一种美德。

②下属与上司不分你我。

③管理层赋予员工越级沟通的权力。

④越级沟通很常见。

⑤主管依赖团队成员的经验。

⑥上级会征求员工的意见。

⑦以绩效实力赢得尊重。

要记住：

在以色列，员工会无拘无束地与老板沟通，说话很直接，甚至会公开表达负面意见，但决策权还是在老板手里。以色列企业以目标为导向，这一点大家心知肚明。虽然沟通上没有上下尊卑之分，但一艘船终究只有一个船长，最终还是由船长做主。

我曾经访问过住在以色列的一位德国女士。她曾是一家德国大企业的经济顾问，现在在一家以色列企业担任顾问。我请她分享与以色列人合作的感受。她说，她不想在以色列当主管，因为以色列人不尊重主管。在德国，员工对主管毕恭毕敬，也愿意长期跟随主管，从旁学习。而在以色列，年轻员工比较大胆，想说什么就说什么。这位女士是德国人，很难适应以色列职场的这种氛围。

有一次，我访问一位年轻的中国男士，他也住在以色列。他说，他想不通以色列人为什么会直接称呼主管的名字。而中国人非常讲究尊卑有序、上下分明。中国员工称呼主管，要连姓带职位一并称呼，例如"王经理"。而类似的称呼，你绝对不会听到有人用希伯来语说。

在以色列的教育体系中，学生对幼儿园老师、高中校长甚至大学教授这类权威人士，都直呼姓名。由此可见，低权力距离是以色列根深蒂固的文化特色。

深度探索：以色列人在职场不拘小节的表现

一家中国企业最近收购了一家知名的以色列食品制造商，派出一位高级主管到以色列，讨论公司接下来的一系列改革。在会议的每一个阶段，以色列员工都提出异议。最后，中国经理认为这样讨论下去不太可能有结果，也认为以色列员工对他不敬。在中国文化中，员工非常尊敬上级，绝不会反对上级。这位中国经理虽对以色列商业文化有所了解，也做了克服万难的心理准备，但仍觉得难以领导以色列团队。

给管理以色列员工的外籍经理的建议：

尽量下放权力，不要干预，这样能激励以色列员工。他们感受到你的信任，就会接受你所赋予的挑战，也会尊敬你。团队交流时，尽量少用头衔，直接称呼名字就好，也鼓励他们直呼你的名字，让他们觉得与你共事轻松自在。

给管理讲究尊卑之分员工的以色列经理的建议：

允许员工对你使用正式称呼，例如在你的姓氏后面加上小姐、太太、先生或职位。倘若你不这样做，讲究尊卑有别的主管与员工会认为你软弱无能、领导无方。告诉你的团队，不必每次开会都邀请你出席。你偶尔不在场，他们可以自在地交流意见，这也能渐渐培养他们独立自主的能力。

要记住：

在当今全球商业环境中，仅做一个讲究平等或尊卑有别的领导是远远不够的，务必要同时具备这两种特质，还要不断培养各种新技能，这样才能管理好文化多元的团队。一言以蔽之,要学会变通及采用不同的领导方式。

关键时刻的指挥体系

2014 年,在保护边界行动中,以色列国防军哈达尔·戈尔丁少尉被哈马斯俘虏,并被带入通向加沙的地道。此前,以色列国防军明令禁止军人进入地道,以免遭到绑架。但戈尔丁的战友、以色列国防军伊坦中尉,仍然进入地道寻找戈尔丁。后来,伊坦中尉在接受以色列《新消息报》采访时说,他在行动前曾请示上级,"连长不同意,营长也不同意。我只能向更高级别的军官报告。(团长)对我说,先往地道里扔一枚手榴弹,再自己一个人进去"。伊坦中尉按指示行动,最终带回了确切消息,让以色列国防军得以确认戈尔丁不幸身亡。

在以色列大众眼中,伊坦中尉冒着生命危险进入地道,是英雄的壮举。战争结束后,以色列国防军特意颁发英勇勋章给他。其实,伊坦中尉为了实施营救行动,承担了越级报告的惩处风险。但以色列人则认为,他这次行动的重点在于涉险救人。

---

2. 直言不讳

直言不讳的行为包括：

①说话方式很直接，很坦诚。

②对话的主题不断变化。

③轻松、简单与清楚的沟通。

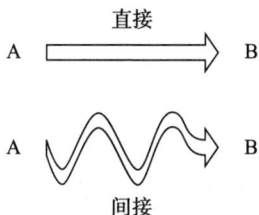

直接沟通与间接沟通比较图

趣闻一则：

约翰是一家伦敦高科技公司的销售部副总经理。最近三个月，他都在规划第二年的团队业绩目标。他提前通知团队成员关于会议的内容，声称将宣布业绩目标与工作策略，以及每个成员要扮演的角色。约翰强调，这次会议上，大家要畅所欲言，他也期待得到大家的回应。开会当天，大多数成员都对约翰的策略很感兴趣，但也有人持有异议。

约翰团队中，有一位以色列籍的销售主管名叫约西，最近才调到伦敦。他对约翰的策略有所顾虑，就在会议

77

上直接说出想法："我觉得我们不应该只专注几个大案子，而把一直在做的小案子放在一边。小案子的长远收益比较高。"约翰听完约西的话，显然不悦，再次强调第二年的重点是把握战略机会，并且整个销售团队都该为此全力以赴。

会议结束两个星期后，约西感到最近约翰找他商讨的次数明显变少。他不明白为什么会这样，便再度发挥以色列人直言不讳的本色，直接去问约翰是否对他有意见。

约翰原本想以英国人固有的委婉方式回答，但他决定一反常态，对约西直话直说，称很少有人会在下属面前批评主管。约西听了很惊讶，对约翰说："可是你让大家畅所欲言，难道你不想听意见？"约翰说："不能我让你畅所欲言，你就什么话都说。"他建议约西，下次若有意见，最好私下找他谈，不要在整个团队面前和他唱反调。

直话直说

人类学家爱德华·霍尔是第一位研究文化坦率程度的专家。他在《超越文化》一书提出低语境文化（low-context culture）与高语境文化（high-context culture）两个概念。

在高语境文化中，许多事情并不明说，人们借助肢体语言及文化认知予以揣测，通常就能够准确理解没有明说的意思。然而,"外人"对此难以理解。霍尔认为,日本、印度和中国都属于高语境文化国家。

在低语境文化中,良好的沟通意味着精确、详细和简单。信息的传达与理解都不会超出字面意思,少有弦外之音。霍尔认为,以色列是世上最低语境文化的国家,加拿大、荷兰与德国紧随其后。

以色列文化被归类为低语境文化,是因为以色列人的口头或文字表达较为直接。但我认为这种分类方法稍显偏颇,因为以色列人之间也会使用肢体语言,诸多小团体内部甚至小团队之间也有"不必明说"的共同语境。希伯来文只有 4.5 万个单词,很多单词都是多义词,人们要依照上下文以及语气来判断最恰当的释义。希伯来文的"Shalom"一词,有和平、和谐、整体、完整、兴盛和幸福等意思,也常作"哈喽"与"再见"之意。以色列人还喜欢用俚语,所以非以色列人仅凭字面意思,很难听懂以色列人说的话。我认为应该将直接表达或间接表达的情况单独提出来,作为一个研究项目,再比较以色列与其他国家的差异。如此,结果才更具代表性。

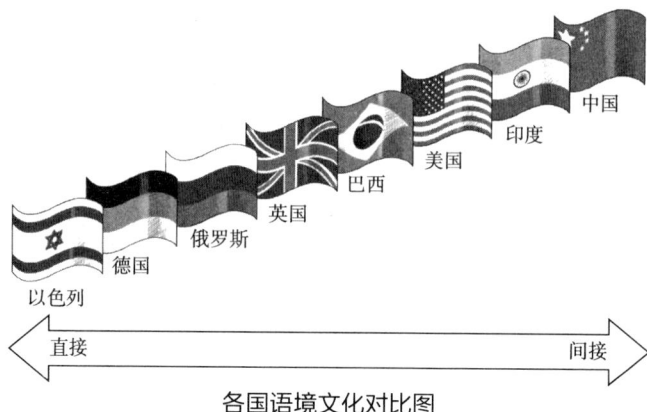

各国语境文化对比图

上图是我根据访谈记录、工作经验和自身体会所总结出的结果。

在以色列，想听懂别人的话，不需太费心思。这归功于以色列人说话直截了当。以色列人认为你弄错了，就会直说你错了；邀请你到家里做客，就是真心邀请你，而不是说客套话。你问他们有何意见，他们就会认为你想听，并且会直言不讳。

第一章讲过，以色列是一个移民国家。国民来自四面八方，带来五花八门的语言。现代希伯来语之所以能够问世，是因为以色列急需一种官方语言统一全国的语言和文字。以色列人需要希伯来语，需要一套简单、直接、易学的单词与语法，以方便相互沟通。显然，希伯来语是以色列文化不可或缺的一部分。

中国人和印度人善于委婉或含糊表达，这会令以色列人听来毫无头绪。此外，印度的企业文化深受阶级制度的影响。印度老板向员工表达自己的观点时，员工几乎都会回答"是"，但这个"是"背后的潜台词，可能包括"是，您的意思我懂，但我不敢苟同""是，我会照做""是，但我不做"等。

美国人善用外交辞令，习惯于委婉地表示意见不合，例如"你的建议很有意思，我们以后再讨论"。令人惊叹的是，美国人一般小小年纪就学会了这种迂回的表达方式。以色列人习惯了直来直往，听不出这么友善的话却是代表不认同。以色列人心直口快，但在美国人看来，却是既粗鲁又企图心强。由此可见，若想知道员工说的"是"究竟为何意，就要先了解不同员工的文化语境。

几年前，我在新泽西州做了一场讲座，结束后一位名叫夏伊的以色列听众找到我。他说，他在美国生活了 15 年，若刚到美国就听了这场讲座，就不会闹出那么多笑话了。他因直言不讳而得罪了不少美国同事，在职场上处处碰壁，迟迟无法晋升。

有一次，夏伊出于一片好心，直接告诉一位女员工需要改进哪些不足。那位员工听完，却伤心地哭泣了一整天。听完我的讲座，他终于知道直言不讳会伤人，以后要先思考再开口。现在，他会注意他的用词和表达方式，比如"我知道你是好意，但你有没有想过……""你说的几点我很认同……但是……"

他意识到，把一句话拉长了说，会让对话气氛变得融洽。可他心里想："这是什么屁话？"

我的意见：

前面曾经提到，研究整体文化免不了概括而论。跨文化研究并非精准的科学研究，以色列人也不都会按照以色列的文化习俗及日常规范行事。在其他文化中，也存在这种现象。总而言之，大多数以色列人很直率，也不乏知情达理的一面。

直言不讳之所以成为以色列人的一大特质，不仅因为文化，还因为语言。许多以色列人会说英语，但英语并非他们的母语，人们在日常交流中仍以母语为重。以色列人多半喜欢使用简单、熟悉、容易发音的单词。他们把母语翻译成英语后，句子往往比较简短，以防出错。因此，以色列人使用的词汇与语言结构，在以英语为母语的人士听来不够精准。可这不代表以色列人不灵光或不专业。

建议：

并非所有以色列人都了解以色列文化与他国文化的差异。很多以色列人并不明白，他们的直率被外国人视作企图心强。与以色列人共事，勿把工作中的直来直往与生活中的顶撞混为一谈。虽说直率伤人，但它总比在暗示中推敲真情实意而浪费时间好。

谈判

以色列人确实偏好简单、直接的沟通方式，但在谈判中未必如此。无论是与商务人士谈判，还是与生活中的朋友谈判，以色列人都不会过于直率。以色列人在工作和生活中，都表现出强烈的好胜心，追求利益，誓要成为"零和博弈"的赢家。

如果施压会让对手放弃，那么以色列人就会毫不犹豫地施压。在谈判桌上，他们明明知道"有可能"，可为了迷惑对手，就会故意说"不可能"。为了达到目的，以色列人甚至会虚张声势，大喊"不行"。在欧美商谈中，谈判双方能始终保持友好的态度，他们与以色列人形成鲜明的对比。以色列人以自我目标为重，而欧美谈判双方更愿形成双赢的局面。

双赢

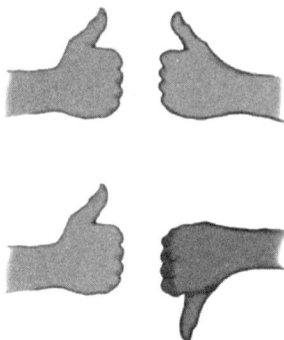

零和

双赢与零和

要记住，以色列人在谈判桌上很强势。对他们来说，"不可能"之类的话是一种谈判策略，往往也是发表意见时的标准开场白。

我经常与以色列的"新国民"共事。他们移民到以色列后，不仅要克服语言障碍，还要同时面对许多困难。有一次，一位匈牙利裔商人在我的课上对我说，他实在不懂，为什么有可能的事情却被以色列人说成"不可能"。这是个好例子，证明只听懂语言是远远不够的，他还要了解以色列文化以及文化背后的国民心态。以色列人在谈判中常说的"不可能"，其真实意思是我们想想有没有更好的构想、价格或解决方案等。

　　要记住：以色列人在谈判桌上与你唱反调，说明他们希望这笔买卖能成交，为了争取到对他们最有利的条件，他们才会讨价还价。跟以色列人谈妥条件后，要记得白纸黑字写清楚，再小的细节也不容忽视。

情绪表现与对抗主义

　　《哈佛商业评论》的文章《"是"的一百种面貌》指出：在谈判中，不同文化的人多半受到两大因素影响，即情绪表现与对抗主义。下图是各国人士在谈判中的情绪表现与对抗程度的统计结果。

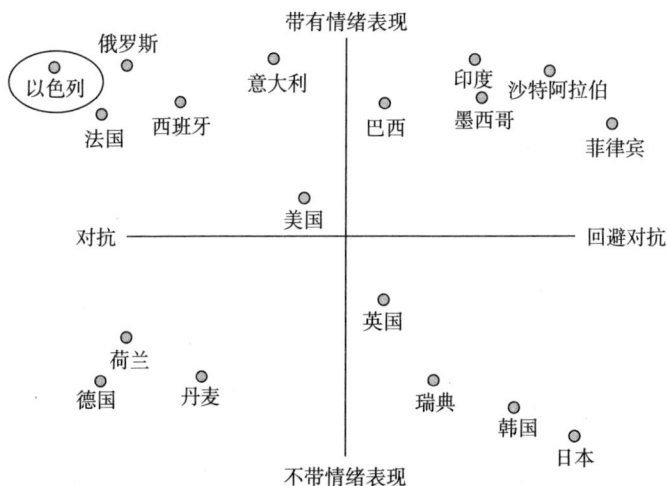

各国情绪表现与对抗程度坐标分布图

　　以色列在图中的位置很准确，表明以色列人的谈判风格属于高情绪化、高对抗化。以色列人习惯辩论与公开争执，他们认为情绪激动不算坏事。以色列人匆匆表达自己的想法与感觉，常常在谈判中说话大嗓门、放声大笑，甚至勾肩搭背表示亲切，毫不在意保持社交距离这一说法。以色列文化鼓励人们讨论交流，鼓励说出自己的想法。以色列人喜欢问为什么，也喜欢杀价。

　　若想与以色列人共事愉快，首先就要认清你在图表上的位置，进而想办法越过文化障碍。如果你是英国人，那么你就在图中坐标的第四象限。你要认同自己在谈判中不轻易流露情绪，也会尽量避免争执。那么，以色列人就很难判断你是否高兴。若是不了解文化差异，每个人都认为别人的行事风格与自己一样，谈判双方就会处处碰壁。以色列人一旦不高兴，会以各种话语与肢体语言肆意发泄。在双方愤怒程度相同的情况下，英国人则容易高估以色列人的愤怒，而以色列人却有可能对英国人的怒火浑然不觉。

　　这种误会可能会发生在位于不同象限的任意两人之间。第一象限的巴西人也会表达愤怒，却也倾向于维持友好关系，避免争执。相较之下，位于第三象限的德国人会与以色列人理论，但也会事先梳理好自己的诉求与主张，以平和的态度表达出来，并很少用到手势。

打岔

无论是开会还是闲聊，以色列人常常打断别人说话。以色列人很爱联想，说话时容易跑题。这种说话方式十分普遍，打岔的人因为喜欢这个话题，才急于表达。以色列人都是这样跟别人互动的。

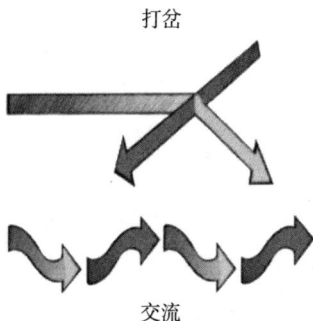

打岔与交流对比示意图

在大多数国家，尤其是在西方国家，对话是轮流说话。听的人会等说的人说完，才表达自己的看法。在以色列，对话与其说是"意见交流"，还不如说是"打岔"。外国人碰到打岔这种失礼的行为，往往不想再交流，会觉得以色列人实在没礼貌。在跨文化的商务谈判中，以色列人若能多听少说，就会获益更多。不过以色列人"打岔"也有好处，不仅代表他感兴趣，还可能将话题带往有趣的新方向。

在以色列，"断断续续"的对话并不代表失礼，反而代表话题有吸引力。一旦了解这是以色列文化的正常现象，就不会觉得被冒犯。这种沟通方式，并不代表外国人在以色列人面前就没有说话的余地。在员工会议或电话会议中，你也可以打断别人的话，不必等别人问才开口。以色列人希望听到你的意见和建议，所以你尽管说。

与以色列人培养信任

很多全球高峰会议定期在以色列举行。仅在过去几年，以色列就举办过亚马逊云端运算服务、国际商业机器公司（IBM）、微软、以色列行动协会、科技与法律和教育科技展等的会议或活动。高峰会议期间，全球各地的商务人士云集以色列。有人第一次接触以色列市场，有人则与以色列商界合作了多年。

高峰会议也是建立业务关系的好机会。以色列人想先了解你，再跟你做生意。以色列人乐于交友，也信任朋友，不喜欢与他不信任的人做生意。因此，以色列人会邀请你共进晚餐，询问你的私事，投入大量时间与精力成为你的好友。在此过程中，以色列人就能判断你值不值得信任。

《文化版图：打破全球商业隐形壁垒》的作者艾琳·梅耶将商业领域的信任分为两大类：一种是基于理智的信任（认知信任），另一种是基于情感的信任（情感信任）。

①认知信任，是你对别人的成就、天赋和稳定性有信心。这是基于理智的信任。

②情感信任，是来自熟悉、共情或好感。这种是来自情感的信任。

在以色列，人与人之间的信任来自情感。以色列人重视的是关系和交情，而不是产品、价格等理性客观因素。人们之间的信任是在分享感受与信息的过程中慢慢建立起来的。以色列人喜欢与朋友做生意，也愿意与朋友的朋友做生意，还愿意与他们眼中容易沟通的人做生意。对以色列人来说，用情绪和直觉做生意，完全合理。

给来到以色列的国际商务人士的建议：

①抽出时间与精力出席聚餐或社交活动。建立长期的专业关系很重要，也很值得。

②抓住机会，与当地的合作对象建立交情。这对他们来说很重要，对你也大有裨益。

要记得：

建立信任与维系信任相当不易，尤其是在商业领域。值得信任是任何国家、任何行业的人都孜孜以求的良好品质。所以，与合作伙伴、客户、同事和供应商建立互信关系是一种富有远见的、聪明的投资方式。对以色列人而言，开诚布公的沟通是构建信任关系的基础。

强化信息与弱化信息

以色列人喜欢用"真的""完全""绝对""不可能"等夸张的字眼，就是所谓的"强化词"。这些字眼让一句话听起来更为强烈，可起到强化信息的作用。例如"我完全不同意"这句话，会让许多外国人难以接受。以色列人的沟通方式，以及表达异议的方式，再加上强化词和手势后会更显情绪化，更给人尖酸刻薄的感觉。以色列人平常对话时，即使没有冲突，也会展现以上特质。

相比之下，在高语境文化国家习惯迂回沟通的人，则较常使用弱化词，例如"有点""一点点""或许"等可以弱化信息的词。这些字眼常出现在负面评价或批评中。一位英国主管私下找员工谈话，平和地说："我建议你换一种方式进行。"大多数以色列人听到这话，会以为主管只是纯粹建议，并且听听便罢，无法想到他的意思是要求"马上调整"。以色列人多半听不懂这种委婉的说法，不明白对方的真实用意。

翻译指南

依据 Ripmeester（里普梅斯特）开发的模型

弱化词 使用者说的话	弱化词 使用者的意思	以色列人 的解释
比较有趣。	不太有趣。	他喜欢。
这个观点很 新颖。	哇，真是馊 主意。	当然，我们是原创国家嘛！ 我的专长就是原创。他喜欢真是太好了。
请再考虑考虑。	绝对不行。	这个方向是对的，我应该继续前进。
你可以想想……	这是命令。	他说的我会考虑，但该怎么做由我自己决定。
我有点失望……	我很生气。	没什么大不了，他会释怀的。

当以色列人与善用弱化词的人士共事时，我给以色列人的建议是，不必理会信息当中的弱化词，这样就不会误会对方的本意。我也建议以色列人尽量少用"完全"和"绝对"等强化词，争取给人留下好印象。以色列人与外国人说话时，可以运用一些正面或赞赏的词语，软化自己要表达的意思。

跨文化沟通就像跳探戈：先往前两步，再后退一步。所以，我建议以色列人"退后一步"，要用"我们可以想出更好的构想"代替"这个构想烂透了"，用"有一点小小的误会"代替"你完全搞错了"。这样就会大大提高沟通质量。

3.敢于冒险 + 雄心勃勃 = 积极创业

敢于冒险与雄心勃勃是积极创业的必备条件。我认为一个人若具备这两个条件，他就会积极投入创业，所以我把以色列人的这三个特质整合在一个公式中。

积极创业是一种心态，不是一种商业模式。

征求企业家

积极创业的意思是：

①对某一产业了解透彻，也懂得从中找出新商机。

②认为失败中有促进学习与成长的经验。

③从不同角度思考，随时做好迎接意外的心理准备。

④做一件从来没有人做过的事，达成理想的目标或结果。

⑤具有冒险的智慧，难以忍受做千篇一律的事。

创业者具有开创新事业的能力与抱负，为了新事业不惜冒险。

积极创业

以色列人深受国家历史的影响，迫切想证明自己的价值，毕竟以色列力排万难才得以独立。当年，创业者的祖辈们迫于形势，舍弃了家园与家人，来到这片土地，为建立新的国家而放手一搏。这是世代传承的一种精神。有一句话激励着世世代代的以色列人：想得更多，做得更努力，敢于放手一搏。

《圣经》里，家喻户晓的大卫与歌利亚的故事（《撒母耳记上》第17、第18章），让我们了解到以色列创业者何以成功。这是一个关于冒险、胆识与自信的故事。大卫王还年轻时，以色列正与歌利亚带领的非利士人交战。歌利亚是非利士第一武士，大卫自告奋勇请战歌利亚。当时，大卫只有手中临时做成的弹弓和他天生的勇气。他勇于冒险，最后赢得胜利。每个以色列儿童都知道这个故事，知道勇气与主动的重要性。这个故事影响了世世代代的以色列人，它所传达的思想深植于以色列商业文化中。

以色列《环球报》在2010年刊出一篇文章，内容是八位以色列的顶尖企业家讲述他们心目中成功的企业家应具备的特质：

①勇气。

②精明。

③创新精神。

④创造力。

⑤毅力。

2018年6月，美籍犹太人在洛杉矶举行庆祝以色列建国70周年活动，比利·克里斯托是出席盛会的众多明星之一。他是美籍犹太裔演员、制作人和电视节目主持人，曾九度主持奥斯卡金像奖颁奖典礼。他以一段话道出了以色列精神："如果一个国家能建立在沙漠上，如果一个国家能从人类史上最惨痛的悲剧中诞生，如果民主政治能在一个未曾有过民主政治的地区茁壮成长，那么天底下就没有不可能的事情。这就是以色列，这里没有不可能。"

成功的以色列企业家

以色列有为数不少的成功企业家，简要介绍以下几位。

创始世代

约西·瓦迪，年纪轻轻就担任了高级主管。他最为人熟知的成就，是协助他的儿子艾瑞克创办了 ICQ 实时通信软件的开发商 Mirabilis 公司，并于 1998 年把这家公司卖给网络巨擘 AOL。ICQ 这单买卖［后来被改编成以色列电视连续剧

Mesudarim（《壕滑人生》）] 之所以会家喻户晓，是因为约西·瓦迪面对 AOL 开出的 2.25 亿美元的收购金，做出了与众不同的反应。他不顾合伙人强烈反对，拒绝了 AOL 的提议。他最后以 4.07 亿美元的价格售出公司，股东这才发现他是货真价实的商界天才。后来，他陆续售出十几家初创公司，还获得了以色列理工大学颁发的荣誉博士学位。他在以色列国内外的研讨会上，提倡积极创业与创新。

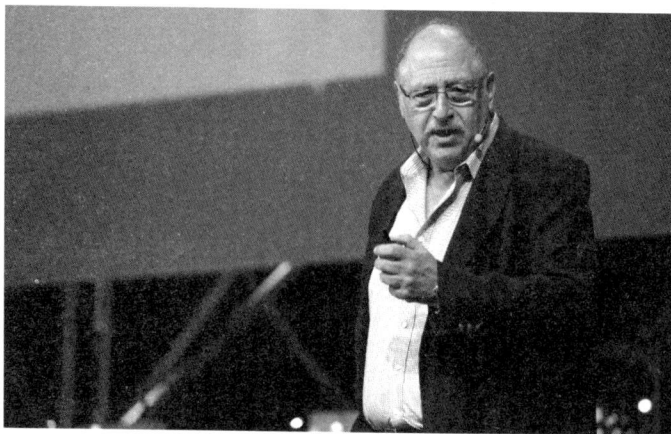

约西·瓦迪

你观察一家公司的历史，就会发现它一开始就有构想，就愿意冒险。若想快速成长，思考的速度就要快，这些事通常要靠小团队来完成。

——约西·瓦迪

夏嘉曦很早就开始创业。从以色列陆军退役后，他与父亲一起创办了他的第一家程序设计公司 Top Tier（原名 Quickso-Development），后于 2001 年以 4 亿美元卖给思爱普（SAP）。夏嘉曦也成为思爱普的产品与科技部门总经理。他在几年前离职，创办了一家新公司快换（Better Place）。他的理想是制造电动汽车，进而掀起汽车工业革命。可惜这家公司最后以破产收场，但他的远见与努力仍值得钦佩。

诺姆·拉涅尔深受注意力重度缺陷的困扰，险些没读完高中。坐不住的他无法全程参加商务会议，也没办法依照排定的进度工作，但他后来依然成为以色列最成功的企业家之一。1990 年，他开始了他的职业生涯，在特拉维夫的夜总会担任公关顾问。后来，他的职业跑道来了个 180 度大转弯，他与一位合伙人在 1998 年创办了帝国在线（Empire Online）网络赌博公司。2005 年，这家公司的估价是 10 亿美元。他现在是 Livermore 投资集团（原名 Empire Online）的控股股东兼首席执行官，也是全球最大的在线翻译公司巴比伦（Babylon）的董事长。他还创办了生命之树（Life Tree）公司，将以色列医疗机构的服务推销给外国居民。

吉尔·薛德从 13 岁就开始学习计算机编程，高中时继续钻研。他在希伯来大学主修计算机科学，后来在军队服役，隶属精英云集的"8200 部队"。退伍后，他与两位合伙人在 1993 年创立了捷邦网络科技公司。后来，这家公司成为全球最大的网络安全公司。他至今仍是捷邦的首席执行官。2010 年，他被安永会计师事务所评选为以色列年度最佳企业家。2014 年，以色列《环球报》将他评选为"年度代表人物"。2015 年，薛德名列《神印》（*The Marker*）杂志以色列富豪榜第 12 名。2018 年，薛德荣获第一届以色列科技奖。

新世代

尤里·列文是当今最多产、最努力的企业家，也是诸多科技公司的天使投资人。他是至利（FeeX）公司的创办人之一兼董事长。这家公司以处理金融服务中的隐性费用问题为主业。他的最大成就，是与几位合伙人共同发明了导航应用程序众包地图。2013 年，谷歌以超过 10 亿美元的价格收购了众包地图。现在除了商业活动外，他也投资初创公司，指导各项创新计划，例如城市出行应用程式（Moovit）、汽车保养应用程序（Engie）与无人机操控应用程序（Fairy）。

2006 年，亚伦·加莱伊与合伙人共同创立了超脑（Outbrain）公司，并担任首席执行官至今。Outbrain 是一家网络广告公司，专门制作网络上的广告链接，在超过 3.5 万个网站上植入文章、影片和博客等链接，每个月可推荐 2500 亿次，并获得 150 亿次的网页浏览量。

2010 年，亚当·诺依曼与米格尔·麦克凯维创办了众创空间公司众耕（WeWork）。这家公司在首席执行官诺依曼的领导下，专门设计并建造了实体和虚拟的共享空间与办公室，提供给创业者与企业使用，在全球超过 40 个城市出租办公室。众耕获得了高盛和软银等投资方超过 25 亿美元的投资，公司的最新估价是 210 亿美元。

阿维沙伊·阿弗拉哈米是经验丰富的科技企业家，把维克斯网站（Wix.com）从 2006 年的一家初创公司，打造成全球最大的 DIY 网络出版平台。阿弗拉哈米与他的伙伴厌恶制作网站的复杂程序，于是发明了维克斯网站。从创立至今，已有几千万个完全不会架设网站的用户，运用维克斯打造出漂亮又专业的网站。2014 年，维克斯推出订房系统维克斯旅店，可提供旅馆、家庭旅馆（B&B）和度假屋等预订业务。2015 年推出的维克斯音乐平台，现已是独立音乐人营销音乐作品的窗口。2016 年，又推出维克斯饭店。

戴夫·威瑟是共乘公司 Gett（原名 GetTaxi）的创始人之一兼首席执行官。2009 年，他在加利福尼亚州帕罗奥图市花了 30 分钟等待前来接机的出租车，创业的构想就在这 30 分钟内诞生。两年后，共乘试用版在特拉维夫正式营运。共乘是一款呼叫出租车的应用程序，有全球 100 多个城市的成千上万名出租车司机参与合作。用户可以通过网站或手机应用程序预定出租车或快递服务。共乘募集了 6.4 亿美元的创投资金，其中 3 亿美元来自福斯集团。2016 年，《福布斯》杂志将共乘评为全球 15 家成长最快的企业之一。

在以色列，一名商业领袖必须具备胆识、抱负与好奇心。胸怀大志的以色列人，在服役期间就展开了你追我赶的人生竞赛。军队教导他们懂得创新，掌握事态发展，还必须为后果负责。以色列人从小就开始接受各种挑战，年纪轻轻就磨炼出领袖气质，这对日后创业大有帮助。

丹·塞诺与索尔·辛格在作品《创业之国以

色列》中分析小小的以色列为何能有这么多成功的企业家。他们发现以色列面积不大，生存又面临众多挑战，但初创公司的数量比大国还多。他们认为以色列遭遇的挑战，反而激励以色列人出人头地。

困境所造就的成功

在全球主要经济体当中，以色列在"企业成长环境"榜单中排名第 2。研究全球活力指数的正大联合会计师事务所写道："你可知道，在高科技企业密度方面，以色列在全世界仅次于硅谷？你可知道，以色列人均科学家与技术人员数量，超过世界上其他经济体？"

客观来说，以色列一路走来并不容易。根据世界银行发布的商业活动报告可知，以色列在进行各种商业活动的容易度方面，在 190 个国家和地区当中排名第 52 名，远远落后于新西兰（第 1 名）、丹麦（第 3 名）、英国（第 7 名）以及美国（第 8 名）。世界银行报告指出，以色列在"纳税"方面排在第 98 名，在"合约履行"方面位列第 89 名。

处境艰难是以色列人生活的一部分。前面提过，以色列是一个众国环伺的小国。以色列的从商人士很清楚，国内市场并不大。况且以色列不同于欧洲，绝不可能到邻国拓展商机。所以，以色列人从小就知道，要胸怀大志，要知道英语作为第二语言的重要性，还要生产能销往全球市场的商品。

我们也渴望像瑞士人或新西兰人那样过着平静的生活，但那对以色列人来说是奢望。我们要与诸多挑战搏斗，要以此鞭策自己往成功的道路上迈进。小小以色列的国人，几乎都有无穷无尽的企图心，也愿意冒险。这种企图心加上敢于冒险的精神，让我们得以克服一个又一个难关，进而成为各领域的精英。从务实层面来讲，一个人遇到困难，必须深思当前破局的关键，也要考量实现期望的可行性。一个人如果从小到大只有自己可依靠，就会练就一身的真本领。

创立 ReWalk 机器人公司的戈尔博士，不仅要克服在以色列开设新公司的种种困难，还要面对自己因故不幸瘫痪的事实。但身体的不便，也成为他发明 ReWalk 穿戴式外骨骼的动力。

1997 年的一天，身为电子工程师和医疗设备开发商的戈尔博士，此生第一次也是最后一次驾驶越野车。由于故障，那辆越野车一头撞向树干。戈尔博士颈部骨折，从此瘫痪。他没被残疾打倒，反而夜以继日地努力钻研，要扭转余生靠坐轮椅度日的命运。

他在发明产品的同时，也发现西方国家有超过 100 万名四肢瘫痪者。那么，ReWalk 穿戴式外骨骼也许能带给他们一线希望。于是，他开始运营新公司，可惜他到现在还无法受惠于自己的发明。不过，ReWalk 已带给全世界几百名残障人士希望，提高了他们的生活质量。2015 年，美国退伍军人事务部为全国所有符合资格的退伍军人购置了 ReWalk 个人外骨骼系统。

李小龙曾说："际遇，见鬼去吧，我自己创造际遇。"这句话也能形容以色列人的文化。以色列人不仅会创造机会，还会走出困境，踏入创意的世界，勇于冒险且绝不放弃。以色列人发明了智能滴头，解决了半干燥气候地区的灌溉问题，也发明了"铁穹"系统，让以色列摆脱导弹随时攻击的困境。以色列人还发明了众包地图导航应用程序，为这个交通总是打结的拥挤小国提供了解决问题的方案。以色列人拿柠檬做成柠檬水，赚进百万财富，也改变了全世界饮品市场的格局。

以色列人喜欢批评别人。总有人动不动就发表高见，说别人的成功不过是运气好罢了。成功、自信的创业者，不会因为有人唱反调就裹足不前。以色列人吃苦耐劳，又在军中接受磨炼，多半都练出厚脸皮。并且，成功的创业者面对困难，都会凭借直觉做出决策。他们拥有全局观，也有逆流而上和实现梦想的能力。成功之路并非坦途，创业者永远要保持乐观，要有能力排除保守同仁的烦扰。

以色列人不仅在高科技领域成绩斐然，在其他众多领域也颇有建树，例如物理、医学、经济、安全、生物科技与农业。举个例子，以色列缺乏自然资源，一年当中有大半年都极端炎热又缺水，所以需要发展"智能型"现代农业。农业企业家想出许多办法，让有限的土地增产。环境迫使以色列人发明尖端技术。以色列开发的农业技术，也传授给他国，缓解世界各地人口急剧增长对农业生产造成的压力。以色列在农业领域有数不清的成功案例，例如创新滴灌技术、装饰植物栽培技术，以及草药、橄榄树和枣椰树等新型幼苗或苗木的研培。

对失败的正面态度

任何一种文化在商业领域的表现，都深受整体文化心态的影响。以色列人习惯以正面的心态看待失败，认为失败本身就代表努力过。以色列人知道，创业者都是一路从失败的教训中学习，才有后来的成功。

身为以色列人，我研究祖国的文化，经常听以色列创业人士畅谈他们的失败与成功经历。我曾经访问过一位纽约大学的学生。他参加纽约大学在特拉维夫开设的课程，因此在以色列居住了八个月。我请他分享在文化差异方面的感悟。他说："我住在以色列的这段时间，见过几位创业者。我发现在以色列的创业文化中，失败是一种好事。这一点和包括中国文化在内的其他文化很不一样。其他国家的人对自己的失败闭口不谈。可在以色列，我发现成功的秘诀是因失败而自豪，毕竟失败是成功之母。"

在凶险的环境中，只有极少数初创公司得以"成功"，所以创业者必须保持乐观的心态。然而，乐观在于欣然接受自己的错误与失败。创业者永远都在寻找令世人兴奋的点子，也愿意冒险。这种敢于冒险的精神，也是以色列能够拥有这么多成功公司的原因。

创业者相信，没有一个产品能在零风险的环境中诞生。创新本身就意味着试错，不断试错、评估、再试、再评估是创新的必经之路。面对失败，不必羞愧，也不必隐藏。

> 以色列创业者的企图心很大。这有时是好事，有时却是坏事。但无论成功还是失败，总要搞得轰轰烈烈。
>
> ——Sano 制造公司创办人鲁诺·兰德斯伯格

以色列人成为创业者的五大因素：

第一，客观形势。自从建国起，以色列人就明白在这片土地上，一切都要靠自己奋斗。没有免费的午餐，没有十拿九稳的事，就连生存也要靠自己。

第二，强大的"熔炉"。以色列不只有受迫害的难民，还有具有强大信仰与强烈进取心的移民。这里是勇者的"熔炉"，当前仍有人不断从美国、法国以及其他国家移民到以色列。

第三，兵役。在以色列，全体国民共同捍卫国家安全。以色列国防军是人民军队，以色列人民无论男女，都有服兵役的义务。以色列早已成为目标导向型的社会，军队的价值观影响着每个人。所有城镇都位于前线，所以军人都在保卫家园。以色列军人会把英勇战斗的精神和恪尽职守的品质，体现在日后的工作、生活和事业中。

第四，接受失败。在亚洲国家，害怕失败的心态非常普遍。一个人若失败了，就会在家人、朋友和同事面前抬不起头。在以色列，人们却会坦然地谈论自己的失败，不仅无所谓，还很得意，尤其是商务人士。如前面所述，失败是学习的机会，可用来累积经验，也可借此了解改进方向。以色列人从念小学开始，就被老师鼓励要有胆识，要勇于接受挑战。关建在于勇敢尝试，不要放弃。

第五，生态系。创业者需要可提供扶持的环境，就像以色列现在的环境。一批创业者创业成功后，就会成为新一批天使投资人或事业推手。政府层面也可提供扶持，以色列创新局（原首席科学家办公室）是行政级别最高的"扶持"机构。

> 每一次成功的旅程背后，都有一段失败的历史。
> ——Waze 创办人列文

创新是以色列人的生命与空气。以色列有 90 多个创新辅导机构，最知名的包括微软创投（Microsoft Ventures）、IBM 阿尔法区（IBM Alpha Zone）以及 8200 加速器（8200 EISP）。仅在以色列重点城市，就有 50 多个众创空间，例如 WeWork、SOSA 和 Mindspace 等。

许多超级企业很早就在以色列创立了创新与研发中心，例如 IBM、电子港湾、惠普、美国电话电报公司。德国汽车制造龙头奥迪、宝马和奔驰旗下的数字地图公司这儿（Here），目前也正在以色列设立创新中心。

现在的问题是：以色列该如何从初创国家跃升为国际商业大国？

对于这个问题，我没有答案，但我庆幸当今以色列的许多年轻人已经在改变。他们变得更重视细节，也开始做长期规划。这在以色列可是新鲜事。这一代的创业先锋，仍具有老一辈的远大梦想，也像老一辈人那样奋力前进，还会向超级大国的商业精英们学习智慧。

深度探索：企业家的特质

在当今的初创企业中，很多人都在讨论"最小化可行性产品"一词。产品的基本概念是，在初创企业成立初期，就要确定客户需求，评估其他变数，尽快验证是否可行，以免浪费时间与金钱，开发没有市场的产品。

　　我从大卫·萨拉尼发表的一篇博客文章中，找到一个很好的例子。从声破天（Spotify）产品开发团队的策略，可以看出最小化可行性产品的思维："如果你想把车子（最终产品）以某个价格卖给你的客户，设计不好的最小化可行性产品或最初的设计，往往会长得很像车轮（如图）。与其制造一个车轮（不完整的最小化可行性产品），还不如思考如何给顾客以完整的体验：速度更快，用时更短。滑板是一个简化的解决方案。使用滑板需要耗费很多体力，但确实能带来完整的体验，其速度也会比走路快。况且生产滑板，要比生产汽车便宜得多，也省时得多。"

这样不行

这样才对

两组最小化可行性产品

我看完这一篇文章，还有前面提到的例子，发现最小化可行性产品的设计策略，也能用来解释以色列的创新文化。以色列人不会发明下一个奔驰汽车，但会制造出其他性能优良的汽车产品，其生产成本会相对低廉，生产效率也会大幅提高。在当今瞬息万变的科技界，生存及制胜秘诀是：人要聪明，速度要快，产品也要好用。

积极创业与创新精神是以色列文化不可或缺的部分。以色列人会思考短期策略，随机应变，勇于冒险，也会务实地面对一路上的变化，适应新局面，但不会浪费时间探究小细节。在我看来，最小化可行性产品的概念符合以色列文化，这类产品也适合以色列企业开发。

开国元老的预言

伊扎克·纳冯是以色列第五任总统，是一位谦谦君子，也是坚守信念、热爱人类的教育家。他于2015年11月6日去世，享年88岁。在他逝世的六年前，他决定坐在摄影机前，发表将近一个小时的谈话，畅谈他的过去，并分享他对未来的预言。他是第一位留下访谈影片的以色列政治家与教育家。他在影片中强调，进步与科技息息相关。

伊扎克·纳冯

在以色列建国初期，纳冯担任以色列第一任总理戴维·本－古里安的办公室主任。在访谈影片中，有人向他请教关于戴维·本－古里安的世界观。纳冯说，从以下这段戴维·本－古里安的言论，便知一二："论财富、资产、石油与其他矿产，我们永远无法与对手竞争。我们只能以质量、道德与科技取胜。以色列的生存取决于质量，取决于我们所代表的社会面貌。对手会拥有更多的坦克、飞机与人口，但科技优势会在关键时刻助我们一臂之力。"

以色列在 1948 年建国。仅仅几年之后，这个新国家的第一位领袖就已深信，以色列日后会享有科技优势。他预言了以色列今日的面貌：一个年轻的小国，一个新创的国度。

4. 声高气响

以色列人的沟通风格用"声高气响"来形容相当贴切。"声高气响"代表：

①高分贝与强悍的语气。

②情绪激昂。

③"花哨"的肢体语言。经常动用双手与双臂。

④注重说，不注重听。

⑤对生活的各个层面都有强烈的个人看法。

初到以色列的人，常说不管走到哪里，都能听见"喧闹"。那声音来自家家户户，万头攒动的道路，还有人满为患的超级市场。外来访客认为，在以色列没有个人空间，肢体碰触是家常便饭，被问到隐私也实属正常。以色列人排队不会排成一条线，所以在银行等公共场所等候时，要小心自己的位置被人抢去。这种现象会给人留下混乱的印象。

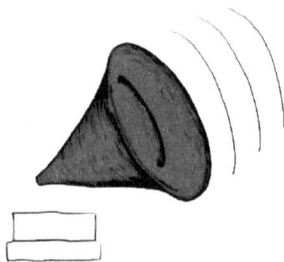

声高气响

112

趣闻一则：

为了了解外国人如何看待以色列同事，我访问了近百位来自世界各地、曾接触过以色列企业员工的外国人士。其中一位受访者名叫亚伦，是美国人，在一家以色列跨国企业担任高级主管数年。访谈中，他情绪激动，诉说他所领教的文化差异。当时，他还在一家美国初创公司工作，有一家以色列大型企业打算收购这家初创公司。

在那之前，他尚未接触过以色列，对这个国家唯一的印象是美国有线电视新闻网（CNN）那些骇人听闻的新闻报道。他到以色列开会，讨论收购事宜。他对我说，以色列国际机场的现代化程度，城镇多姿多彩的休闲文化，当地的美食，特拉维夫海滩的欢乐气息，以及典雅的以色列公司总部，都让他无比惊艳。

会议在融洽的气氛中召开，现场有吃有喝，大家亲切交谈，满脸笑容。可好景不长，两位以色列主管就合约中的几个要点大声争执，还改用希伯来语争吵。亚伦听不懂他们在吵什么，只见他们手臂挥舞，脸形扭曲，心想合同铁定签不成了。

可结果大大出乎他的意料。在会议尾声，那两位主管拍拍彼此的肩膀，笑着说："我们午餐要吃什么？"亚伦不敢相信，他们刚刚还吵得不可开交，现在就像没事一样。最不可思议的是，午餐后合同就敲定了。自那以后，亚伦就在合并后的

以色列公司工作。那些原本看似失礼逾矩的举动，他现在都
不会在意。他说，以色列人只是需要有人听到自己的意见。

我的建议：

尽量允许以色列人畅所欲言，多大声都行。听起来并
不悦耳，但不必生气，也不必在意，这不过是以色列人的说
话方式。倘若能做到这一点，双方就能顺利达成所愿。

社交距离

声高气响与整体的社交界线有关。人类学家爱
德华·霍尔曾发表空间人类学论著。他认为在西方
国家，一般人所熟知的"亲密距离"，约 46 厘米。
这以下通常是家人、好友以及医患之间的距离，而
以此为半径的范围称为"亲密空间"。

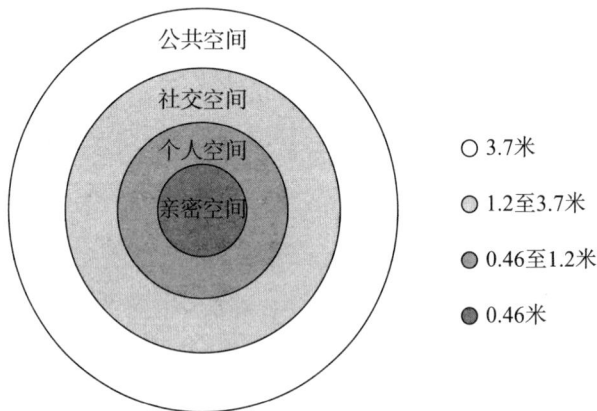

公共空间
社交空间
个人空间
亲密空间

○ 3.7米

◓ 1.2至3.7米

◒ 0.46至1.2米

● 0.46米

图片依据霍尔的空间概念绘制

商务会议的与会人员或陌生人之间，会保持比较远的人际距离，通常要 46 厘米以上，甚至一两米。

在以色列，很多人会"越线"。即使和你不熟，交谈时也会离你很近，甚至把手放在你的肩膀上。

我在跨文化课堂上，用一种交流测试，让学员们体验不同的人际距离。我坐下来，请一位非以色列人挪动座椅，离我越来越近，直到他感到不自在为止。大多数学员会在 46 厘米以上的距离停下来。我再请一位以色列学员做同样的事。他越靠越近，越靠越近，即使距离已小于 46 厘米，他也没停下来的意思。后来，我感到不自在，叫停了这次测试。

交流测试

在以色列，很多现象都反映出工作与生活之间没有界线。比如学校放假时，以色列人会把孩子带到工作场所；即使是上班时间，也会打电话给家人；常常把工作带回家，自愿在家加班等。以色列人还会在晚上与同事密切联络，远比外国人之间频繁。

时间观念

不同文化有不同的时间观念。在瑞士，所有活动都按照固定的计划安排开展，这在全球各地享有"跟瑞士时钟一样准确"的美誉。对以色列人来说，这值得羡慕，却也有些死板。在瑞士，早到才叫准时，准时到就叫迟到。以色列人却把延迟当作家常便饭，不喜欢一板一眼的时间观念。

时间观念

霍尔在著作《沉默的语言》中将这两种不同的时间观念命名为"单工文化"与"多工文化"。在单工文化国家（例如美国、德国和瑞士），时间是一种资源，必须明确固定的进度与期限，并加以控制。而在多工文化国家（例如以色列、法国、意大利、希腊和墨西哥），很多活动都同时进行，不必困于固定的进度表。

这两种时间观念，对工作风格的影响很大。以色列属于多工文化，表现出以下的工作风格：

①可以同时处理多件事。

②把时间表当成目标，但不是最重要的目标。

③共享并传播各式各样的信息，互通有无。

④不会严格遵守约定的时间。

⑤能接受事情被打断。

⑥觉得人比工作重要。

⑦允许员工拥有弹性工作时间。

⑧不介意会议不按议程走。

⑨不介意员工身兼数职。

⑩在会议中能接电话、收发电子邮件。

我的一位受访者名叫莎拉，是高级主管的助理。现年70多岁的她，与以色列人共事多年，经验相当丰富。她的祖先来自欧洲，她很难适应以色列商业文化。她经常收到公司的几位以色列行政助理发来的电子邮件，有些电子邮件还会标注"紧急"。在北美洲与欧洲，"紧急"两个字传达的意思非常清楚明确，代表这件事一定要优先处理，而且时间紧迫。

但在以色列企业中，"紧急"却不是这个意思，这只是想引起收件人的注意而已。外国人不了解实情，就不容易判断了。

对同一个词的不同解读方式，可能会引发"狼来了"的情况。一个非以色列人，第一次收到以色列人寄来的紧急通知，会立刻着手处理，第二、第三次也许仍会优先处理。可发现以色列人的紧急事件并非真的紧急时，说不定连看都不着急看了。

给非以色列人的建议：

与不同文化的人沟通时，需要多问几个问题。不妨问问对方，这件事有多紧急，处理期限到什么时候截止。

对于这本书的以色列读者，我的建议是：

除非事情必须限期完成，否则不要用"紧急"字眼。

喜欢辩论的文化

以色列人喜欢辩论，也许与犹太教有关。犹

太教鼓励讨论与辩论，由此影响了以色列文化。我们以色列人还有一句俏皮话："两个犹太人，三种意见。"

犹太人对世界历史最伟大的贡献，就是不满。

——以色列前总统西蒙·佩雷斯

在以色列的商务会议中，辩论是决策的必经过程。会议中的辩论，往往是表达意见的一种方式，能制造良性竞争，获得支持与认同，并不会伤害任何与会人员。

我最近看见一篇趣文，内容是以色列的俚语被翻译成英文后的语境及语义变化。举两个例子，如下：

"SOF HADERECH"字面意思是"极限"，实际意思是很好、很棒，比如这场宴会不能说是极限，而要说棒极了。

"ALHA'PANIM"翻译成英文的意思是"在脸上"，却不能说今天晚上的饭菜在我脸上，而要说难吃死了。

从这篇文章，可一瞥以色列的俚语文化。内容有趣，在读者中也引起强烈的反响。留言中，大多数以色列读者都在争论那些俚语的起源、意义与翻译，文中的每个细节都成了热议话题。这就是以色列人的日常。

举个例子，新西兰文化崇尚平和与礼貌。在新西兰的商务会议中，参会人员会遵循一套礼节，平和地提出意见和建议，不会声高气响，激烈争论。做笔记是他们表达在意的方式，不同于以色列人以发表意见来表达在意。

在以色列企业，辩论与争执都很直接，不仅音量大，还会配上具有攻击性的肢体语言，例如身体前倾、站起来和做手势等。那么，争论究竟是以色列人直言不讳的表现、情绪表达的需求，还是犹太传统的一部分？

很难说究竟是什么，但以色列人确实需要别人听到自己的意见。辩论和争执能促使项目跳脱框架的固定模式，进而打造出更好的推进方案，取得更为理想的结果。最重要的是，非以色列读者一定要记得，爱争论只是以色列人的特色，绝无针对个人之意。

倾听的力量

沟通不是只有说而已，也包括听。想要与不同文化背景的人顺利沟通，就需仔细倾听对方说的话，还要留意对方真正表达的意思。即使语言相通，也存在表达上的差异，例如说话的音量、口语习惯、委婉程度等。就连肢体语言，在不同文化中也各有其意。

沟通是双向的过程，沟通的质量取决于倾诉者的表达技巧和聆听者的倾听技巧。理查德·路易斯在《当文化发生碰撞：跨文化领导》一书中提到，不同文化背景的人有不同的沟通风格，倾听的习惯也不同。德国人会认真聆听，获取信息；英国人会客套倾听，不时地点头、微笑以示认同，很少会因没听懂而打断对方说话；美国人会聆听，有一搭没一搭的；瑞典人会很配合，还会轻声予以回应；芬兰人绝不会打断别人说话；日本人也绝不会插嘴。

以色列人比较没耐心，常常急于表达自己的意见，所以不擅长倾听。以色列人认为直言不讳是一种美德，但这并不代表其他人也这么想，也不代表以色列人不在意文化上的细微差异。

以色列人，请别忘了一句古老的格言：

上帝给了我们两只耳朵，而只有一张嘴巴，显然是希望我们多听少说。

我们可以从一个半房间（Heder Vahetzi）游戏应用程序来看以色列文化。

该应用以讽刺娱乐节目《完美的国家》（*Eretz Nehederet*）的动画片段为蓝本设计，展现出以色列人紧张与善变的一面。

该应用的情景内容，展示了一位名叫舒里的年轻单身男性的生活，需要玩家到舒里的生活中参与互动。该应用锁定了希伯来语玩家，推出后不久，就有超过 80 万次的装机量。以色列人口只有 879 万，所以该应用的成绩非常好。

"早上七点整叫舒里起床。"

该应用设置了许多玩家速办速结的任务。玩家要帮助这位特拉维夫的单身男子完成各项挑战。例如舒里的闹钟藏在鸽子身后，玩家必须准时叫他起床；玩家要指挥扫地机器人工作，以防它把碎玻璃吸进去；要接住从烤面包机飞出来的面包；还要记住冰箱架上物品的摆放次序等。

在游戏的每一回合，玩家都有三次机会（以三颗心代表）。每次挑战后，不论成功还是失败，那些心都会"齐声歌唱"。唱的内容是以色列大众文化中的日常用语。玩家完成一个任务后，就会听见"帅哦""大明星啊""你有科学家的基因"之类的称赞；挑战失败，则会听到"失败者啊你""你应该更厉害才对""我们再来一次，下次要更好哦"等。

广受欢迎的应用程序，包括位于华盛顿的Imangi Studios 开发的一款 3D 游戏神庙逃亡（Temple Run）和 King 公司开发的糖果粉碎传奇（Candy Crush）在内，多半含有游戏机制。玩家可以一边玩，一边学习游戏规则，从简单的关卡逐步晋级到较难的关卡。严格来说，Heder Vahetzi 只有一个关卡，并没有由简入难的进阶设计。整个游戏没有准备和学习阶段，从头到尾的节奏，既快又紧凑。玩家一进入，马上就执行任务，还会面临其他意想不到的挑战和妙趣横生的捣乱环节。

快节奏、高分贝的 Heder Vahetzi，可谓以色列社会与企业文化的缩影。但在商业领域，对以色列人的行事风格，外国人并不认为有趣，甚至会认为不专业。以色列人参与商务会议，往往会一再改变话题，问一大堆问题，时不时地夹杂希伯来语，经常打断对方说话。有些人在会议中出入自如，突然离开，又随意进来。原计划休会 5 分钟，有些人却在 15 分钟甚至更久后才回来。

在以色列，任何事情都可能发生，所以要做好迎接意外的心理准备。

5. 随机应变

随机应变与创造力有关。

以色列文化鼓励随机应变，跳脱框架进行思考。除了按既定计划行事外，还要不断思考、创新、改变，直到达成理想目标，特别是在过程中遇到种种变化与挑战的情况下。

随机应变

　　所谓疯狂，就是一再做同样的事情，却指望会有不同的结果。

　　　　　　　　　　　　　　——阿尔伯特·爱因斯坦

　　趣闻一则：

　　5min.com（现网址 5minmedia.com）是以色列"创意思考"的企业典范，是一个分享"如何做"影片的社交平台，由兰·哈内佛、汉安·拉斯科夫以及塔尔·西曼托夫等人于 2007 年创办。网站一推出，就吸引了大批用户使用并分享 DIY 影片。这家年轻的公司与回答网站（answers.com）等各大 DIY 及知识网站展开了竞争。5min.com 团队审时度势，认清自身的科技优势，并决定改变战略，将网站重新设计成"随处可看影片"的平台，并支持其他 DIY 与知识网站。如此一来，原本的竞争对手全都成为客户。

　　5min.com 懂得创意思考，依势调整策略，使其一举成为全球第一大影音平台。2010 年，AOL 以 6500 万美元的价格收购了 5min.com。哈内佛出任 AOL 影片部门总经理，西曼托夫出任该部门的营销总监，拉斯科夫则成为 AOL 以色列的首席执行官。

船到桥头自然直

大多数以色列企业与国际企业，都明白长期规划与注重细节的重要性，但在处置态度上不尽相同。中东地区的安全局势，导致以色列的处境堪忧。企业和国家一样，时刻面临着生存危机。这也助长了一种随机应变、不好长远的风气在当地商界中流行。

以色列的商务人士具备洞察商业趋势的才能，也有愿景，但经常忽视事前规划的重要性。他们秉持某些价值与目标，但也肯随时改变。无论是在商业场上，还是在日常生活中，以色列人常说"船到桥头自然直"和"别担心，一切都会顺利"之类的话。

"船到桥头自然直"（图片来源：Lightspring 网站）

我在伦敦参加过一场研讨会，亲眼看见一个跨文化差异的绝佳例子。各个企业的代表在介绍他们的产品与服务时，却对产品的特色与功能只字不提。研讨会的重点集中在公司的愿景以及带给客户的体验价值。在场的欧洲人、美洲人以及亚洲人，对这种体现企业经营哲学的演讲盛赞不已。以色列人却是一副兴趣缺缺的样子，他们只想知道最新的产品特色与升级内容。这是因为以色列人更在意实质内容和行动举措，不在意企业背后的文化培树及思维形成，毕竟谁都不知道明天会怎样。

"Yihyeh beseder（一切都会很好）！"

丹尼·桑德森是以色列歌手、作曲人以及音乐制作人。他曾经是以色列经典乐队 Kaveret（卡弗雷特）的成员，同时也是众人眼中的"以色列摇滚乐之父"。以下是他创作的歌词，反映出以色列人对于不确定性的态度：

未知

我们走向未知

走向未知

走向未知

我们走向未知

天知道去向何方

是好是坏

此去不知命运如何

前途未卜

未来的想象全凭猜测

在那未知

走向未知……

（原文为希伯来文）

几乎每个以色列人都熟悉这首歌。它反映了以色列人的处世态度和应变特质。以色列人常说一句希伯来语"Yihyeh beseder"，即使我们不知未来如何，也会这么想，只要有信念、智慧与乐观心态。

从 2009 年至 2013 年，我与家人一同居住在美国新泽西州的霍博肯市。2009 年冬，暴风雨特别多。我来自炎热的以色列，感觉美国的冬季特别寒冷。到了次年 2 月，我感觉再不晒晒太阳的话，灵魂就会缺氧。我想订机票，带着全家人到迈阿密住上一个礼拜，再从迈阿密搭船到加勒比的巴哈马群岛。我先生叫我不要冲动，要耐心等待好时机。我心意已决，执意买了机票。

在出发的前一天,新闻报道:由于受超强暴风雨的影响,从纽约和新泽西出发前往迈阿密的所有航班全部取消。我情绪化起来!我不想取消行程,我要在温暖的阳光下恢复活力,也会为这个目标而努力。我与航空公司联络,问客服可有补救办法。她只是一再表示,真的没有别的办法,航班已经全都取消了。

我换个角度思考眼前的情况,告诉自己要随机应变,要跳脱框架。于是,我请教客服人员,距离我家车程五个小时的华盛顿特区的航班是否照常出发。她说是,会照常出发(当时我还纳闷,她怎么没想到应变呢)。我们开车五个小时到华盛顿特区,再搭飞机前往迈阿密。

那位客服按照公司指示行事,公司显然没教她应变处理。我从小就学会要有胆识,要保持思考的习惯,不要轻言放弃。当然,还要相信以色列人的箴言"一切都会很好",而且要努力实现。

框架之外

《过境点》一书的作者沙哈尔与库尔兹,是移民到以色列的美国人。这本书描写了某些以色列人的行为与态度:

每个国家有自己的规则,每个国民都必须遵守,这样国家才能井然有序地运作。在美国、英国、德国和瑞士等国，国民的行为始终在"框架之内"，正如下页左图所示。缺点在于，国民死守规范，随机应变的空间小。

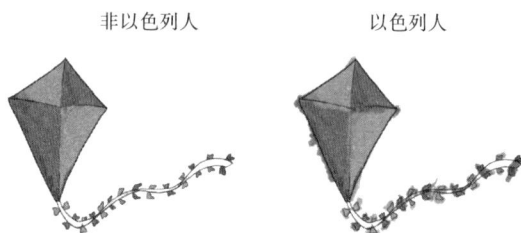

非以色列人　　　　　　以色列人

图片依据 Shahar & Kurz 的作品绘制

以色列的情况如上右图，着色溢出框架，代表国民重视跳脱框架的思考能力。以色列人很清楚，只要随机应变能创造更好的结果，就该随机应变。按此思维，规则仅供参考，并非绝对。

如果一个人具备随机应变的能力，懂得跳脱框架进行思考，那么他的工作计划与目标都可相对调整。表面上会制造混乱，但结果会更好、更有趣、更有创意。

以色列商业文化鼓励以下态度与行为：
①愿意超越极限。

②愿意为了更好的目标而随机应变。

③无穷无尽的好奇心。

④即使超出原计划范围，也愿意冒险。

Combina（复数是 combinot）是以色列商业界的一个现象，顾名思义，就是联盟的意思。它通过召集各路人马，共同执行一个复杂的计划或交易。联盟可能会省略某些步骤，也可能无法遵循设定的标准。以色列人懂得随机应变，会以创意的方式解决或回避问题与规范。

个案研究：实现产品本地化

慕移公交（Moovit）是一款以色列的创新科技产品，提供实时的公共交通与 GPS 导航信息，涵盖公交车、渡轮、火车、轻轨与地铁等交通工具，深受全球 80 个国家和地区、2200 多个城市的 100 多万名用户的信赖。

我拜访过慕移公司，佩服他们员工的多样性，有巴西人、德国人和中国人等。慕移雇用来自各国的员工，为使用者开发出高度本地化的产品。产品与营销副总裁约瓦夫·梅达告诉我他们公司是如何实现产品本地化的。

为节省时间和成本，慕移应用程序中的图标，原本是绘制的插图。改用真实照片图标后，公司做了调查，发现用户量日增50%。他们最有趣的变革，是将通用的公交车图片改成每个国家真正的公交车图片，结果绩效成长率竟然超过百分之百！这家公司将目标顾客的需求放在心上。用户看见熟悉的公交车或其他交通工具，会更有好感，也更信任慕移。用户的信任，就是企业在全球市场的制胜关键。

慕移先对消费者市场做调研，再依据研究结果调整应用程序，展现出以色列人随机应变的能力。这家企业采取一连串逻辑缜密的行动，同时保持开放的态度，愿意对产品进行调整。除了积极创业外，慕移团队也有一种信心与胆识，不会因顾虑而动弹不得。

我的建议：

与以色列人共事，你要在缜密规划和随机应变之间找到平衡点，争取让两种不同的行事风格互补，创造出意想不到的成果。

俗话说得好："在美国，除非被禁止，否则什么都可以；在欧洲，除非可以，否则什么都被禁止；

在以色列，就算被禁止，还是什么都可以。"

下面介绍的两个例子，可以让人加深对以色列人随机应变的理解：第一个例子是以色列人喜欢依照自己的判断，设计自己的产品规格；第二个例子是以色列人认为随机应变不是负面的偶发状况，也不代表准备不足。

职场传真：飞机维修计划

自从 2015 年本书的第一版问世起，我陆续收到各地读者发来的电子邮件，他们分享了与以色列人共事的经验。以下是一封有趣的来信：

亲爱的奥丝娜：

我刚刚看完你的大作，真的很喜欢。

我目前在以色列开展一项飞机改装项目。我们公司要把自有的一架客机，改装成货机，改装工程外包给一家以色列公司。我是公司派驻在现场的代表，负责在戴维·本－古里安机场与以色列的管理团队接洽。你写在书中的趣闻与建议都很真实，但我遇到的最大难题，是如何才能让外包厂商遵守我们公司所依据的美国国家航空航天局的飞机维修计划。以色列人按照自己的改装认证计划实施，不太在意我们维修计划的政策与程序，可是我怕这会导致我们公司违反美国国家航空航天局的规定。我只有这一顾虑，其他方面的合作都很愉快。我与以色列团队合作顺利，觉得他们是很好的朋友。

再一次谢谢你在书中提供的宝贵建议。

我收到这一封来信后，便与这位读者所提到的以色列公司联系，想听听他们的说法。我也想告诉他们，我们这种随机应变的思考模式，在那些恪遵规范的外国人眼里，可能会显得不太专业。以色列人想要与他人顺利共事，必须先了解别人眼中的自己，也需调整自身的某些行为。可惜我始终没收到回复，这也是以色列人常有的毛病。

我联系上面这位读者，希望他能同意我把这封信收录在新版中。他欣然同意，也利用这个机会补充了一些意见：

还有几点值得分享。我们与以色列团队互相尊重，一一克服了困难，并建立了友谊。现在计划快要完成，我以后一定会怀念与这些朋友共事的日子，怀念生活在以色列的时光。最后我要说，这家以色列公司的庆功活动办得超棒！

职场传真：用免洗餐具盛装顶级汤品

艾·沙尼是一位以色列厨师，也是罗曼诺（Romano）、哈沙龙（HaSalon）、塞得港（Port Said）、北阿布拉克萨斯（North Abraxas）以及米津农（Miznon）餐厅的老板。他最近在纽约、巴黎、维也纳和墨尔本开了四家米津农分店。他带有诗意的语言、直率的个性以及富有创意的餐点，为众人所熟知。从他在许多电视节目中的表现以及他餐厅的菜单上，我们不难发现他的才华。他常以别出心裁的方式上菜，例如在特拉维夫的北阿布拉克萨斯与塞得港餐厅，将面包放在牛皮纸上端给客人，米津农餐厅的牛排和花菜都夹在圆面饼里。

沙尼最近参加了电视节目《厨师大战》，与另一位以色列厨师约纳坦·罗什菲尔德搭飞机到意大利，学习意大利菜肴的烹饪技巧。制作单位的镜头，聚焦在两人近距离的互动上。每集都是两位大厨的厨艺大赛，由几位意大利名厨担任评审。

在节目的第一集，沙尼端出"乡村鱼汤"款待赫赫有名的那不勒斯大厨。装汤的餐具，是他几个小时前在外面市场上购买的蓝色塑料碗。以色列人很喜欢沙尼的创意料理，但几位意大利名厨对他的鱼汤反应平平，实则是对他的"匠心独运"不满。

沙尼受到严厉批评，不仅因为他用塑料餐具盛装热汤，还因为餐具与传统餐厅的白色桌布不搭。面对意大利名厨的批评，沙尼在节目中说："意大利人无法理解不同的呈现方式。以色列人比较了解我，因为以色列人讲究进步，要不断推陈出新。"

6. ISRAELI™ 模型展示以色列人的整体"争议"个性

专业接触的蜜月期一结束，各国的商务人士就会开始寻找共同的社会规范、核心思想与情感。每种文化大背景下，难免会有一些人的言行举止不太一样。不过，一个国家的多数人会有类似的倾向，思维与行为方式趋于一致。

以下是以色列商业文化的主要特色，以七个单词的首字母组合成 ISRAELI™，涵盖与以色列人做生意的指导原则。以下是对本书第二部分的概括：

I	Informal	不拘小节
S	Straightforward	直言不讳
R	Risk-taking	敢于冒险
A	Ambitious	雄心勃勃
E	Entrepreneurial	积极创业

L Loud　　　　　　　声高气响

I Improvisational　　随机应变

不拘小节

以色列商业界不拘小节的特色，不只表现在外在方面，还展现在人际互动方面。以色列人与你才见过几次面，或仅在面试时初次见面，就可能直接询问你的私事，例如结婚了没有，有没有孩子等。在以色列，人们以绰号互称。就连以色列总理内塔尼亚胡，也是众人口中的"比比"。绰号给人以亲近之感，是好友之间的称呼。

给带领以色列员工的管理者的建议：

将权力尽量下放，不要干预。这样能激励以色列员工，他们感受到你的信任，接受你所赋予的挑战，也就会尊敬你。

给带领非以色列员工的以色列管理者的建议：

允许员工对你使用正式称呼，也就是在你的姓氏后面加上小姐或先生等。要知道你的外籍下属需要你的鼓励，这样他们才有前进的动力。倘若不这样做，讲究尊卑有别的主管与员工会认为你软弱无能，领导无方。

直言不讳

在以色列，想听懂别人的话，不需要费心思。以色列人会把想法直接说出来。以色列人认为你错了，会直接说："你错了。"邀请你到家里做客，也不是客套话。你问他们的意见，他们会认为你真想听，也会直言不讳。

给带领以色列员工的管理者的建议：

要分清职场上的直率与人际上的直率。很多以色列人并不明白，他们的直言不讳，在外国人看来是企图心强。与以色列人共事，要记得这一点，不要把公务上的直来直往，与人际关系上的冲撞混为一谈。

给带领非以色列员工的以色列管理者的建议：

尽量要平和，说话要友善。意见不合可以用委婉的方式表达，例如"你的建议很有意思，我们以后再讨论"。那些不习惯直言不讳的外国人，一般在小小年纪就学会了这种迂回的表达方式。不要认为这样说话不诚实。要尊重对方的文化，尊重对方的和谐思想。要懂得对方的弦外之音，也要记住"很有意思""以后"这一类的话往往是委婉拒绝的意思。对方若有心合作，就会给出具体的时间表。

敢于冒险、雄心勃勃以及积极创业

我认为敢于冒险与雄心勃勃的结合，会激发出积极创业的干劲。敢于冒险与雄心勃勃也是积极创业不可或缺的要素，所以我把这三大特点合成一体。一个创业家不但要有创新的雄心，为了达到目的也要敢于冒险。以色列是由一群追求进步的创业者组成的国家。这些创业者勇于挑战困难，探索所有可能，不见得严格遵守工作计划或进度，但绝对不会忘了要追求的目标。

给带领以色列员工的管理者的建议：

敢于放手一搏，善用以色列员工敢冒险、懂应变的优势，进而取得意想不到的收获。但务必记得，你所具备的长期规划能力以及重视细节的能力，也是重要的资本，能与以色列人的特质互补。这也是具有文化多样性的企业能快速成功的原因之一。

给带领习惯稳扎稳打的员工的以色列管理者的建议：

说清楚，讲明白。以色列人对环境的适应性很强，因为他们生活在政治、社会和经济都不稳定的国家，早已习惯与不确定性共存。其他国家的人习惯了稳定的环境，遇到不确定性与混乱无序的状况，就容易陷入焦虑。要帮助他们消除这种焦虑，尽量在一开始就要让他们清楚"为什么觉得这个计划值得做？""如何评估风险？"和"接下来的步骤是什么？"等。

声高气响

所谓声高气响，不只是音量大、声调高、肢体语言强烈，还代表以色列整体的紧张感。以色列处处"喧闹"，声音来自家家户户，还有万头攒动的街道与超级市场。以色列人问话直接，肢体接触是家常便饭，个人空间缺乏。在企业中，工作与生活之间没有界线。以色列人即使在上班时间，也会打电话给亲朋好友；愿意把工作带回家，长时间在家加班，会在晚上与同事联络。以色列及其国民以"声高气响"闻名于世。

给带领以色列员工的管理者的建议：

努力适应以色列人声高气响的沟通方式，不必生气，也不必当一回事。要记得，以色列人常常过于接近别人，超出别人所能容忍的距离，也常常会问一些外国人觉得不专业的问题。但是以色列人对于这种所谓的"越界行为"习以为常，认为这是诚心诚意想建立交情的表现。

给带领难以忍受声高气响员工的以色列管理者的建议：

尊重个人空间。非以色列人习惯公私分明，所以要尊重他们的个人空间，与他们保持至少 46 厘米的肢体距离，也不要问起私事，例如"你多大了？""有没有孩子？""那个多少钱？"和"你收入多少？"之类的问题。

随机应变

以色列文化鼓励"跳脱框架的创意思考"，它是指除了按照既定的计划行事，还要不断思考、创新、改变，直到达成理想目标，特别是在过程中有种种变化与挑战的情况下。很多国家的商务人士，都习惯严格遵守工作计划，很难适应以色列人"善变"的作风。

给带领以色列员工的管理者的建议：

把计划分割成小块。以色列人倾向随机应变，一旦跳脱框架，原先的计划、进度甚至目标都可能改变，这容易造成混乱。但以色列人的创意思维，也能创造出意想不到的成果。我给非以色列人的建议，是将计划划分成不同的阶段，遇到困难就能及时调整，讨论过后再进行下一个步骤。

给带领习惯按部就班员工的以色列管理者的建议：

在随机应变与规划之间取得平衡。与习惯按部就班的员工共事时，要在你和他们之间找出折中的执行方法。

两种不同的思路若能互补，就会创造出意想不到的成果。我也建议以色列人，将一个大项计划分成小块，这样就会让习惯按计划行事的非以色列人及时发现变化，也更易接受变化。

第三章

念好跨文化"交流经"，
跟以色列人合作不再难

前面详细探讨了以色列商业文化的特色，现在要讨论的重点，是这些特色在现实生活中的表现。以下的建议、工具与技巧，能帮助主管、同事、供应商、客户与合作对象提高沟通质量，取得与以色列人合作的最大效益。

在这一部分，我们要回答以下问题：

①哪些工具可缩小文化差异？

②多元文化团队的最佳管理策略是什么？

③该如何领导有以色列成员的团队？

④与以色列人共事应该知道的十件事是什么？

⑤以色列人与美国人、德国人、中国人或非洲国家的人沟通，应该注意哪些文化差异？

我们先来看一个真实的故事，是以色列文化与美国文化的对比，有趣又发人深省。

一位任职于跨国企业的以色列年轻人，飞往美国与当地的同事见面。他们一起开车到几小时车程外的分公司，半路上在一家快餐店用餐。餐厅里排着长长的队伍。以色列人瞄到一位女员工坐在汽车窗口等待生意上门，便走向那位女员工。

"你好，"以色列人说，"里面的队伍太长，你的窗口又没有车。我能不能跟你点餐？"

女员工看着这位走过来的年轻人，觉得很好笑，对他说："先生，抱歉，这个窗口只服务开车的客人。"

"我知道啊，"以色列人说，"可是里面的队伍这么长，这边又没有人排队，你应该可以帮我点餐。"

"先生，按照公司的规定，我只能服务车子里面的客人。这个窗口的客人如果不是坐在车子里，就不在我们公司保险理赔的范围内。所以麻烦您还是回到里面，跟其他人一样排队。"

以色列年轻人说了声谢谢，退后两步又停了下来。他不肯放弃，心想这位员工为何那么死板？为什么不能通融一下，帮他点餐呢？他决定换个方法，再试一次。

他再次走向那位女员工，送上大大的微笑，让她无法抗拒。他站在窗口旁，做出按喇叭的手势，大声说："叭！叭！叭！"无视对方一脸惊讶地瞪着他。他说："你确定不帮我点餐吗？"那位女员工应

该没见过几位以色列顾客，愣在窗口。你觉得她会
怎么做？会不会在汽车窗口帮这位以色列人点餐？

"闯关"中的以色列人

结果他闯关失败，女员工不肯帮他点餐。不过
他身为以色列人，还是很庆幸自己努力过。我在前
面说过，以色列人不会轻言放弃，但也不会因失败
而过于生气。人生在世，有输有赢很正常。

1. 缩小文化差异，"知彼"成就"知己"

我身为顾问，听过无数跨国企业的人士分享他
们与以色列人共事所遭遇的种种挑战。不过，他们
遇到的某些情况极为复杂，连把问题说清楚都很困
难。以下是我设计的一个程序，文化背景不同的经

理人与员工借助这个程序，就能从文化差异中找出
解决问题的方法。

实用的解决问题方案

石川图又称"鱼骨图"，是因果关系的示意图，
能显示出一个问题的成因。

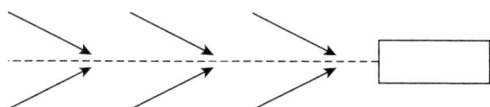

石川图

你在右侧的方格中，写下你自己或你们公司面
临的问题。我们现在的问题是：与以色列人共事。
接下来你再把你能想到的所有原因列出来，在每一
个箭头旁边写下一个原因。这样就会列出与以色列
人共事的所有问题。例如：

①以色列人写的电子邮件太简短，提供的信息
不足。

②以色列人太喜欢问别人的隐私。

③以色列人在对话过程中不断变换话题。

④以色列人注重说，不注重听。

⑤以色列人不见得执行既定的计划，常常会在

执行过程中改变计划。

下一个步骤是选出可能性最大的根本原因,也就是最关键的箭头。这是你要通过另一张空白的石川图解决的问题,也是你改善多元文化工作环境的第一步。

现在请你回答与眼前挑战相关的几个问题:

①我对以色列同事有哪些期待?

②以色列同事对我有哪些期待?

③我如何提升合作关系与绩效?

④以色列同事如何提升合作关系与绩效?

我们以"与以色列人通信"为例,我发送了一封很长又详细的电子邮件,以色列人的回答却很短,内容又空泛,没有回答我所提出的大多数问题。

第一,我对以色列同事有哪些期待?希望他们回答问题能更详细,不要只说"是"或"否",再加上寥寥数语。太短的回答容易给人以没有兴趣、不愿合作的感觉。若想合作方案迅速推进,取得成功,以色列人也必须适度展现诚意,进行有效沟通。

第二,以色列同事对我有哪些期待?他们希望我不要拿这么长、这么琐碎的电子邮件来烦他们。他们希望我信任他们就好,不要给压力。

第三,我如何提升合作关系与绩效?首先要知道英语并不是以色列人的母语，所以以色列人比较难用英文长篇大论地写信。相较于电子邮件，以色列人更喜欢直接对话。我有问题要问或需要沟通，可以打电话给以色列同事（如果在同一间办公室，还可以直接到他们的工位旁）。这样不但能马上处理眼前的事情，也可以表示我需要更详细的信息，请他们务必给出完整的回答。

第四，以色列同事如何提升合作关系与绩效？以色列人务必要理解，其他文化背景的商务人士习惯发送又长又详细的电子邮件（这是想要知道与需要知道的差异）。以色列人要尽量提供更详细的信息，改掉"不用担心，我这边的事情我都会搞定"的心态。

填好石川图，回答以上四个问题，就会清楚问题出在哪里。接下来，我建议你与以色列同事对话，无论是实际碰面，还是视频会面，都以平和的态度，将你的诉求解释给对方。以色列人不仅有个性，也有自尊心，所以你也要适时表扬对方（赞美以色列人的优点，从专业的角度赞赏他们的工作表现等），同时强调愉快合作的重要性。

有时候，你只要稍加解释，对方对你的态度就会完全改变。了解自己给别人的印象，再花些时间解释你的行为及个中原因，就能加强别人对你的信任，也

会大幅提高你们的沟通质量。你解释得越清楚，具有
其他文化背景的合作伙伴，就越容易理解你的行为。
跨文化合作的许多问题都出于同样的道理，只要互相
了解，开诚布公地沟通，合作成功便指日可待。

文化智商

这本书涵盖了对以色列文化的研究与概括。大
多数人都符合概括的描述，但也要记得每个人都是
独特的个体。我们与来自其他文化背景的人共事，
能力固然重要，对于其他文化的认知与理解也是不
可或缺的。如此，就能合理运用概括而论这一工具，
也能将每个人视为独特的个体。

跨文化沟通与相互学习若要顺利，参与的各方
都必须具备高文化智商（Cultural Intelligence）。
大卫·利弗莫尔在《文化智商差异》一书中提出：
全球商业界的高文化智商所涵盖的范围，并不只是
一个人的智商、履历以及技术专业。文化智商模型
含有四个变量：动力、知识、策略与行动。

文化智商动力代表一个人在多元文化环境中有
效运作的兴趣与信心。

文化智商知识是了解其他文化与自身文化的异
同之处。

文化智商策略是一个人如何解读多元文化经验，评估自己与别人的思维方式。

文化智商行动是一个人为了适应多元文化，调整自己的语言与非语言行为的能力，表现为能灵活调整自己的行为，回应各种文化状况。

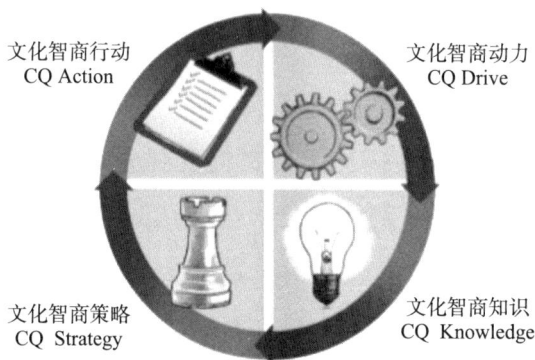

文化智商变量（依据利弗莫尔的研究绘制）

在现今的全球商业界，文化智商已经不是可有可无的条件，而是有效处理各种频发状况所必备的利器。了解到跨文化沟通重要性的商务人士，也会了解生意上往来对象的文化相关行为、准则与思想。了解自己的文化以及别人的文化，就等于打好了策略思考的基础。到了要采取行动的时刻，你就已经做了十足的准备，知道该说什么、该怎么说、该对谁说。你阅读这本书，就等于向前迈出了一大步,累积了文化知识,增强了对其他文化的敏感度,未来能将多元文化的团队潜能发挥到极致。

2. 领导多元文化团队,要先游遍"每种文化"

商务人士除了要了解文化差异,也要懂得如何发挥多元文化团队的潜力。出色的管理者会:

①善用个别成员的正面文化特质。

②运用文化智商,以适当的方式区别对待不同文化背景的人。

③与外国员工及同事建立信任关系。

④打造积极参与、互相尊重的环境。

⑤借助团队合作,发挥不同背景与思想的优势。

不同文化背景的人在一起共事,若能认识到并尊重相互的差异,便能创造出更大的商业价值。

无论什么文化背景的员工,只要置身在充满认同与鼓励的环境中,都会交出漂亮的成绩单。在跨国企业中,多元文化团队是普遍存在的。精明的管理者必须了解每一位成员的个人特质与文化特质,这样才能打造出良好的工作环境。

举例来说,美国、英国与德国员工需要管理者给出明确的指示，否则不但很难运作，还会倍感压力。以色列员工却希望管理者能充分授权，他们获得足够的自由与信任，才能把工作做好。

那些喜爱多样性、敢于冒险、包容多元文化的商务人士，会以开阔的胸襟，去理解并认同其他文化，也因此成为商界领袖。他们的行为和决策，造就了高效获利的跨国企业，并实现了企业在全球市场的成功。

关于有效管理多元文化团队的两个建议：

领导多元文化团队会遇到的跨文化问题，多半与批评有关，主要是主管与员工无法理解彼此的期待。以下是我的建议：

第一，不分对象，一律倾听。给对方解释的机会，不要还没听对方诉说理由，就要求对方按照你的方法做事。倾听能获取信息，让方法变得更好，效率变得更高。

第二，保持慎重。无论员工来自哪一国家，都不要在其他员工面前批评他。要批评就私底下进行，而且要把眼光放在最终结果上，不要在过程中过分怪罪一个人。

这是打造多元文化团队的最佳方式，不仅能吸收每一位成员的长处，也能兼顾他们的需求与期待。

优秀的国际团队管理者会考量每一位员工的文

化背景，再调整他对员工的期待。

3. 虚拟团队超难带，全靠管理者能耐

　　领导任何虚拟团队都不容易，领导有以色列人的虚拟团队更是充满挑战。虚拟团队跨越实体界线与文化界线，其沟通与合作主要通过网络实现，例如 Slack、Webex（网络会议与屏幕共享应用）、GoToMeeting（HD 视频会议应用）、Google Hangouts（实时通信、视频聊天、SMS 与 VOIP 功能集成应用）以及其他新奇的软件程序，都可促进虚拟团队有效互动。虚拟团队的沟通会遭遇障碍，包括实时通信、电子邮件的非语言信息、团队成员之间的时差，以及语言障碍等。并且远距离的信任关系极难建立，质量控制显然也不容易。

虚拟团队

基于种种原因，虚拟团队需要强有力的领导才能合作成功，因此管理者必须：

①做一个可靠又讨喜的表率，赢得团队的信任。

可靠：说到做到。

讨喜：与团队成员建立交情，例如一对一交流，以及透露一些关于你的个人信息。

②了解团队成员希望透过视频会议，达成哪些目标。

明确目标。

设定议程（严格遵守时间表）。

③要求团队成员全力投入，明确完成期限。

明确任务。

划分责任，避免旁观者效应。

如果虚拟团队的成员具有不同的文化背景，尤其是有以色列人时，那要做到以上这些就更不容易。

第一，以色列人的沟通风格。在没有面对面互动的虚拟团队，专心倾听同事说话和不要打岔显得格外重要。可以色列人固有的沟通风格，就是主动插话，声高气响，还会运用手势取得发言权。遇到讲究礼节的场合，很多以色列人就很难表达意见，若被制止，就可能很沮丧，觉得被误解、被冒犯。

第二，以色列人不拘小节。虚拟团队必须严守预定的会议议程，作业时限与工作计划也要严格执行，不必有计划外或非正式的社交交流。然而，以色列人是非正式沟通的专家，遇到按部就班的正式会议就很难发挥作用。以色列人最有价值的商务互动与脑力激荡，往往发生在咖啡机旁边或在公司走廊中。在实体环境中，以色列人一有机会就聊天，而谈天论地也是以色列商业文化不可或缺的一部分。以色列人最有创意的时候，是拥有思考及应变自由的时候。

管理虚拟团队所需的技巧，与管理非虚拟团队所需的技巧不同。管理者需要有相当高的情商与文化智商，才能实时调整，解决跨越空间界线与文化界线的无数棘手问题。第一要点在于了解团队成员的主要文化特质。

4. 和以色列人打交道，不得不知的十件事

每一家企业的风格不同，所以十件事的具体内容也会有所不同，大致如下。

（1）创造动力

以色列员工在职场上如何获得动力？

责任、挑战、归属感、薪资与奖金、升迁的机会。

（2）员工的期待

以色列员工对管理团队有哪些期待？

在企业内部，充分授权给他们，信任他们，支持他们，给予他们自由发挥的空间。

（3）经理人的期待

以色列管理者对员工有哪些期待？

一种"办得到"的态度，使命必达的决心和动力，忠诚，开放，诚实，承认错误并吸取教训，以及透明。

（4）谈判风格

什么是以色列的招牌谈判风格？

以人为导向，情感丰富，公开冲突（异议与辩论），依照风险成本决定优先次序，零和（一方得益，另一方受损）。

（5）对话话题

以色列人在职场上愿意和同事讨论哪些话题？

以色列人几乎什么话题都能聊，也愿意和同事分享他们的私生活（家人与朋友），但薪资通常是禁忌话题。

（6）完成任务

给以色列员工交代任务的最佳方式是什么？需不需要再检查一次？

把任务内容和目标解释清楚，有必要在开会时确认进度。

（7）主管的权威

以色列人如何看待主管的权威？

大多数时候，敬重主管。以色列的职场有级别之分，但下属可以公然挑战主管，即使在其他人面前。不过主管仍是最终决策者。

（8）绩效评估

以色列人的工作表现以哪些指标评价？

最终结果（是否成功），关怀、参与程度，关系，跳脱框架的创意思考，投入额外的时间与努力。

（9）建设性的意见

哪一种意见对以色列员工来说具有建设性？

透明而直接的意见，经常使用绝对形容词。意见通常是私底下表达，但有时候也会在众人面前表达。

（10）工作与生活之间的平衡

以色列人如何平衡工作与生活？

每一家企业的情况差异很大。高科技产业人士为了应对全球各地的时区与工作日，常常会在晚上与周末工作。

5. 文化有差异，尊重无差异

缩小以色列人与美国人的文化差距

要提高以色列人与美国人的沟通质量，缩小文化差距，首先必须了解以色列人与美国人的主要文化特质，再加以比较，这样就能看出这两种文化会互补成一个强有力的合作整体。

我们在第二章详细讨论过以色列商业文化的每个特质。现在我要再一次简单介绍这些特质，并与美国文化作比较。

I 代表不拘小节（Informal）。以色列人不只是衣着不拘小节，彼此沟通也同样不拘小节。

以色列人与主管相处丝毫不觉得拘束。下属可以和主管直接对话，甚至争执，即使有其他同事在场也无所谓。在美国，层级界线要比在以色列清楚得多，也严格得多。下属非常尊敬主管，就算提建议，通常会私底下说。

S 代表直言不讳（Straightforward），因为以色列人说话非常直接。

以色列人认为你错了，会直接说"你错了"。美国人会以较为委婉的方式表达不同的意见，例如"你的建议听起来很有意思……你觉得……怎么样"。以色列人分不清这么友善的话语是否代表真心认同。以色列人有话直说，在美国人看来是粗鲁，并且充满企图心。与以色列人共事，要记得这一点，不要把公事上的直来直往，与人际关系上的冲撞混为一谈。

R 是敢于冒险（Risk-taking），A 是雄心勃勃（Ambitious），E 是积极创业（Entrepreneurial）。

这三者相辅相成。一个创业者不但要有好的构想，也要有雄心，还要有甘愿冒险的精神，不惜一切代价达到目的。以色列人敢于给自己发难，探索一切可能性。大多数美国商务人士会严格执行工作计划与进度，以色列人却不会如此，但绝对不会忘了目标。

L 代表声高气响（Loud）。

所谓声高气响，不只是音量大，也代表急于表达，还可反映以色列整体的紧张感。美国人必须了解，商务互动的声高气响，并不代表起冲突，也不代表交易即将失败。这只是以色列人的风格，是对话题感兴趣的一种表现。对美国人来说，在工作场所大呼小叫，是一种不专业的行为，会造成他人的不自在。彬彬有礼是美国商业界的行为标准，这在以色列还在慢慢普及中。

I 代表随机应变（Improvisational），以色列人有创意，适应能力强，而且永远都在跳脱框架进行思考。

美国人习惯按照工作计划做事，很难接受以色列人不断更改计划。在多元文化团队，最好将每一个计划切割成小块，先确定哪个部分有所变动，再开展下一个阶段工作。随机应变有时会带来困扰，但也能衍生出许多伟大的构想，促进项目快速开展，取得极佳的结果。

了解美国人与以色列人之间的文化差异，在沟通上就会有同理心,懂得互相尊重,也能兼用各种文化的优势,在商业场上斩获更大的利益。

缩小以色列人与德国人的文化差距

近来,有不少德国商务人士对以色列越来越有兴趣。最近几年,我经常去德国为几家德国企业的员工授课,也接受了几家德国期刊的采访。两国之间的商业往来越密切,就越需要良好的跨文化沟通技巧。

2016年,慕尼黑营销学院的11位MBA学生来到以色列,体验以色列活泼的商业氛围。一行人中,有信息科技、营销、销售、娱乐以及医疗保健等产业的资深专业人士。他们参观了Weissbeerger(饮料分析公司)、Fortvision(视觉堡垒)、Gauzy(应用材料供应商)、So-Wheels(轮子)等以色列企业与组织,以及以色列—德国商会,并在OLM(奥丝娜)顾问公司与我见面。我与他们谈论了很多关于德国与以色列之间的文化差异,以及他们对以色列的第一印象。

以下列举他们在以色列访学期间的感想:

克里斯(营销主管)对于以色列人的"无惧心态"非常认同。这种心态,让人可以接受失败,并从失败中吸取教训，用以改进未来的工作方法。

帕斯可（现场代表）表示很高兴能在以色列看到这么多德国产品，也很高兴看到第二次世界大战与大屠杀结束 70 多年之后，以色列人已经向前迈进，虽然没有忘记历史的伤痛，但也能与德国人愉快合作。他也提到以色列人非常开放，眼神很友善。

奥利弗（企业沟通副总经理）认为以色列是硅谷与欧洲商业风格的综合体，而且以色列人比较不拘小节。他也强调，以色列创业者从创业之初，就以国际市场为目标。以色列的国内市场太小，所以以色列人从一开始就放眼于全球市场，往后就不必再调整策略。

莱可（销售与营销经理）说，这一趟以色列之旅收获满满，她不仅得到商业上的灵感，也收获了新的构想与合作机会。她说，以色列人很亲切，心胸开阔，总是很忙碌。

丹尼尔（顾问）提到了以色列人的企图心。他认为那是集坚定而明智的放肆、迷人的敏锐和诱人的胆识于一身的综合体。他认为以色列人不会浪费时间"绕着主题兜圈子"。每一次对话都有很强的目的性，一开始就阐明，不会拐弯抹角。

德国人也喜欢直言不讳，但与以色列的风格存在差异。相较于德国人，以色列人说话激动得多，听起来直接又武断。德国人会先理清思绪，再大声表达出来，以色列人通常不会先思考，但说无妨。

很多以色列人不会事先准备，就直接展开商业上大小项目的讨论。以色列人经常随机应变，一有好的构想就马上执行，不会花太多时间进行规划。德国人则认为，规划是任何项目必不可少的阶段，因此在规划阶段投入不少时间与精力。

两国商务人士的沟通并不容易，但只要双方了解彼此的差异，在一起共事，就能实现优势互补。他们可以判断何时该做细致规划，何时该随机应变，勇于冒险。

缩小以色列人与中国人的文化差距

以色列与中国正在交往，就像每一个爱情故事一样，一开始让你心动的理由，正是日后让你烦心的原因。大批中国人到以色列经商或取经，文化碰撞在所难免。但中国文化与以色列文化截然不同，短时间内又很难改变。

以色列人一有构想，就马上着手实践，与中国文化倡导的行事风格正好相反。中国文化主张先建立关系与信任，再进行商业合作，这显然需要时间。在重视创新的以色列，人们没有时间可以浪费，没有阶级之分，也没有客套的距离。以色列人往往要经过试错才会注意细节，但这并不妨碍他们继续冒险。

《亚洲时报》刊登了不少探讨中国与以色列商业关系的文章，例如《中国与以色列的爱情与高科技故事》《建立关系：以色列计划雇用两万名中国建筑工人》《佩雷斯如何打造中以关系》等。问题是，以色列人知不知道中国人如何看待他们的商业行为？中国人又晓不晓得以色列人在商业合作中的主要行为特质，以及与以色列人共事的最佳方式？

这两个国家有着相辅相成的关系。中国人对以色列感兴趣，以色列人则想到中国工作。中国是泱泱大国，以色列是蕞尔小国，但以色列握有大量研发的高新技术和知识产权，尤其是在医学、水质净化、农业以及其他重要领域。中国人很想学习这些知识，并与以色列人合作，而以色列人显然了解中国市场的巨大潜力。

要知道以色列人缺乏耐性，什么事都想自己来。这是许多中国人厌恶以色列人的原因，认为他们粗鲁又不拘小节。中国人想与同事及顾客慢慢地建立信任关系，以色列人却常常急于征服全世界。在以色列,每一位员工都自认为是无所不知的管理者,对行事作风和发表意见都充满自信。

在以色列,不懂可以直接说出来,主管也可借此了解员工的能力。以色列人可以接受失败,认为每一次失败都是学习的契机。但在中国,主管指定的任务若是超出员工的能力范围,最后以失败收场,那么就会伤害员工的自尊心,导致员工对自己和工作失去信心。

两国的商务人士在合作中彻底发挥彼此的长处并不容易。中国人与以色列人需要了解彼此的企业文化,懂得体谅和变通,进而实现双赢。

缩小以色列人与非洲人的文化差距

我最近有幸为一家以色列跨国企业提供跨文化沟通课程。学员有来自西非与中非的员工,以及他们在以色列的同事。我认为最好的方式,是先让非洲学员分享他们的文化,以及与以色列人共事时所面临的困难。

文化可以有很多种定义:可以是某个族群的特质与心态,也可以是语言、宗教、食物、习惯、艺术、价值、信仰和社会规范等。所谓文化,包括我们在表面上所看见的一切,例如语言与非语言沟通，以及在表面之下所存在的一切，例如我们的基本思想与世界观。

我在课堂上将学员依照所属国家分为三组：西非人、中非人，以及以色列人。我再请每一组成员将他们国家的十大价值观与文化特质列举出来。以下是他们提交的清单：

以色列人所列的文化特质清单

WEST AFRICA 1- HOSPITALITY 2- HARD WORKING 3- HONESTY 4- RELIGIOUS 5- TRADITIONNAL 6- FLEXIBILITY 7- FAMILY SOLIDARITY 8- QUIET 9- COMMUNICATIVE 10- PATRIOT	西非 1. 热情好客 2. 工作认真 3. 诚实 4. 宗教 5. 传统 6. 变通 7. 家族团结 8. 安静 9. 沟通能力 10. 爱国情操
CENTRAL AFRICA 1- HOSPITALITY 2- INTEGRATION 3- PEACEFUL 4- DYNAMISM 5- LAÏCITY 6- INFORMAL 7- NO TIME 8- TRADITION 9- RESPECT FOR OLD PEOPLE 10- MULTI CULTURAL	中非 1. 热情好客 2. 融入社会 3. 与世无争 4. 活力 5. 包容宗教 6. 不拘小节 7. 弹性时间观 8. 传统 9. 敬重长者 10. 多元文化

西非人与中非人所列的文化特质清单

讨论每一组的相同与不同之处，可以得到很多信息。不过最重要的是西非学员与中非学员之间的对话。他们来自文化多元的国家（有些国家流通的方言超过 200 种），愿意谈及在非洲生活的种种难处以及各种族所面临的困境。文化的多样性是非洲最动人的景观，却也是影响非洲社会经济发展的最大障碍。

我在课堂上发现，每个非洲国家都有一个动物图腾：喀麦隆的是狮子，布基纳法索的是马，科特迪瓦的是大象等。以色列人心想，哪个动物能代表以色列？有位学员说猫。我也认同，猫有九条命，总能脱离险境，足以代表以色列。但我们毕竟是个小国，所以也许蚂蚁比较符合我们的形象，我们有蚂蚁的勤奋。蜜蜂也不错，我们吵闹得很，又忙碌不停。

以色列人的心声需要别人听见。我们常常相互争执，情绪激昂。西非人与中非人有时说话也很激动，他们中有人能接受，有人则不能。我把梅耶的坐标系打印出来，请学员把他们国家的国旗粘在图上。从结果可见，这些非洲国家不只与以色列有文化差异，彼此之间也有文化差异。

最重要的是，要怀有同理心一起共事，了解不

同文化背景的人究竟秉持着什么样的价值观。我们
需要以高文化智商去打造多元文化团队，让整体效
能发挥到最大。换句话说，我们必须敞开胸襟，不
要以个人的标准去苛求或误解他人的文化，要将每
种文化的强项发挥到极致。

一则个人故事：从传统以色列人
向新以色列人转变

以色列真是个小地方。有一次，我和我先生去特拉维夫的高级日料餐厅迪宁斯（Dinings）用餐，就在那里巧遇了以色列最成功的企业家之一诺姆·拉涅尔（见第二章）。我们看了看菜单，马上发现这儿的菜价远远超出我们的日常预算，但依然选择留下来享受一杯酒以及餐厅的气氛。以色列第二大食品制造商施特劳斯（Strauss）的董事长奥夫拉·施特劳斯，就坐在几桌之外，而坐在我附近吧台边的，正是拉涅尔。

　　他不认识我，所以我需要用以色列人的不拘小节给自己打气，才勇敢地朝他走过去，触碰他的肩膀，对他说："拉涅尔先生，很高兴见到你。我是奥丝娜·劳特曼。"我话还没说完，他就站起来，笑着对我说："你与那位大受欢迎的多夫·劳特曼是亲戚吗？"

　　2013年11月逝世的多夫·劳特曼是一位企业家。他是德达盖立（Delta Galil）纺织厂的创始人和老板、以色列制造商协会会长，也是以色列社会民族特殊贡献奖得主。我若是他的亲戚，想必会认识很多像拉涅尔这样的商界精英，但我并不是。我祖父多年前为了寻找大屠杀之后失散的亲人，曾经拜访过多夫·劳特曼。他们攀谈了几个小时，最后发现两个劳特曼家族并没有血缘关系。

我以诙谐的口吻对拉涅尔说请坐，也告诉他我并不是多夫·劳特曼的亲戚，之所以走上前来，是因为我写了一本书，内容正好提到他。

我对他说，我的书提出了一个实用模型，取七个英文单词的首字母组合成 ISRAELI。这七个字母分别代表着以色列商业文化的七种特质。我说，他的故事出现在书中关于积极创业的章节里，描写他这位商界巨子是如何具有远见，如何逆流而上，如何将梦想化为现实，又是如何凭借直觉做出一连串艰难决策的。他从特拉维夫的夜总会公关顾问做起，一路上创办又领导过诸多知名企业。他的成功故事则是传奇。

拉涅尔听完我的话，看了我给他的电子书，又再度起身，给我一个大大的拥抱，在我耳边轻声说："这就是以色列的企业家，这就是以色列人的文化……这就是以色列人的不拘小节！"他记下我的电话号码，说会继续看完我的书，并把感想发给我。

这次不期而遇，仅有短短的几分钟，但整个过程涉及了我在书中提及的诸多特质：我们的对话不拘小节（连衣着都不拘小节，我还穿着人字拖出现在高档餐厅），我接近拉涅尔的方式很直接；我们声高气响，不在乎音量；我触碰他的肩膀，他给我友好的拥抱，彼此跨越了所谓的社交距离；我也有随机应变，把握住机会，和他开启一段发人深省的对话。

以色列文化的主要特质与行为，往往给人粗鲁和充满企图心的印象，而源自意第绪语的"chutzpah（不拘小节）"一词已是举世皆知。这本书阐述了以色列人的文化背景与价值观念。运用书中的知识，你会更加理解你的以色列同事，也会降低对他们的反感度。你也会从以色列同事身上看到以色列人的优点：敢于冒险的决心，誓要成功的雄心和跳脱框架的创意思考。

文化上的专注

所谓专注，是在当下以某种方式，不带批判的刻意关注。

——乔恩·卡巴－金教授

在多元文化的环境中，专注是相当重要的特质。在职场，专注代表全心投入，也代表时时关注职场上的各种关系。那样就能认清现实、认识自我，更加清楚自己带给他人的文化印象。基于这个概念，我们必须了解自己的文化，并对其他文化有认同感，才能加深对其他文化与种族属性的理解。专注也包括愿意倾听他人意见，向他人学习，不去批判是非对错。

每个人在个人生活与职业生涯中都该专注。面对身边不同文化背景的人，不要贴标签，也不要批评，应该包容、接纳、拥抱，向他们学习，取长补短。我们只要用心，就会更加精准地感受周遭的一切。

最后的忠告

以色列拥有众多跨国企业，企业员工来自世界各地，因此以色列人有更多机会了解其他文化。近年来，以色列人也开始关注文化差异了。为了缩小文化差异，以求日后跨文化合作更上一层楼，以色列人也愿意秉持同理心，调整自身行为。

我建议大家与以色列人好好沟通，不要因为以色列人的沟通方式而动怒，不要将以色列人的行为当成人身攻击。双方要用文化智商为未来的跨文化商业合作铺就一片坦途。

后 记

我与家人一同在美国生活了几年。那一段美国岁月后，我必须走出舒适圈，离开熟悉的一切，包括我的语言、文化、亲戚和朋友。我要感谢在那段时间认识的每一个人。谢谢他们引导我认识我的祖国，发掘以色列文化的特质。

我感觉到故乡与新家之间有着很深的文化隔阂，也因此特别想深入探究这个课题。我与全球各地的商务人士频繁交流。由于人员众多，我无法一一道谢，只好一并感谢他们每一位不吝与我分享和以色列人合作的感受。这本书的内容，便是从访谈和交流中归纳出来的。

我也要特别感谢聘请我担任顾问、开培训课，或是做演讲的每一家国际化企业。每一次合作，都让我受益匪浅。客户所分享的多元化思维模式，以及他们国家的商业文化与价值观，使我得以丰富自己的思想，认识到自身文化的细微差异。我也非常感谢每一位与我分享自身经验或见解的第一版读者。由于你们的回应，我才知道第二版应该加强探讨哪些观念。

深深感谢玛高·艾扬费心编辑整本书（包括第一版与第二版），又在制作期间不断提出建议，提供帮助。玛高，如果没有你，最终的作品不会这么出色，谢谢你。

最后，我也要感谢我的另一半伊莱·曼苏尔，特别谢谢他在我写作期间对我的关怀与支持，也谢谢他针对本书的内容给予建议，并分享他自己的从商经验和精辟见解。无论在我的人生还是职业生涯中，伊莱都是不可或缺的伴侣。